发现犹太人丛书

DISCOVERING
THE JEWS SERIES

犹太巨擘的好莱坞

THE JEWISH GIANTS IN HOLLYWOOD

[以色列]
丹·拉维夫（Dan Raviv） 尼西姆·米沙尔（Nissim Mishal） 著

安小艺 施冬健 编译

清华大学出版社
北 京

北京市版权局著作权合同登记号 图字：01-2020-1684

图书在版编目（CIP）数据

犹太巨擘的好莱坞 /（以）丹·拉维夫（Dan Raviv），（以）尼西姆·米沙尔（Nissim Mishal）著；安小艺，施冬健编译．— 北京：清华大学出版社，2020.6
（发现犹太人丛书）
书名原文：The Mystery of the Jewish Mind, THE JEWISH GIANTS IN HOLLYWOOD
ISBN 978-7-302-54895-9

Ⅰ．①犹… Ⅱ．①丹… ②尼… ③安… ④施… Ⅲ．好莱坞 – 犹太人 – 名人 – 生平事迹 Ⅳ．① K815.78

中国版本图书馆 CIP 数据核字（2020）第 024688 号

责任编辑：张 莹
封面设计：储 平
责任校对：王凤芝
责任印制：沈 露

出版发行：清华大学出版社
网 址：http: //www.tup.com.cn, http: //www.wqbook.com
地 址：北京清华大学学研大厦 A 座 **邮 编**：100084
社 总 机：010–62770175 **邮 购**：010–62786544
投稿与读者服务：010–62776969, c-service@tup.tsinghua.edu.cn
质量反馈：010–62772015, zhiliang@tup.tsinghua.edu.cn
印 装 者：三河市吉祥印务有限公司
经 销：全国新华书店
开 本：148mm × 210mm **印 张**：6.125 **字 数**：117 千字
版 次：2020 年 6 月第 1 版 **印 次**：2020 年 6 月第 1 次印刷
定 价：46.00 元

产品编号：082873–01

以色列总统致辞

נשיא המדינה

Jerusalem, January 24, 2019
AdarI 9, 5779

The Jewish People and the Chinese nation both emerged from ancient and rich cultures with deep and strong roots that go back many centuries and even millennia in human history. Both these ancient and modern cultures have made significant and major contributions to the growth of human thought and development.

I am very pleased to see the publication in the Chinese language of this series "Discovering the Jews". The growing interaction and cooperation between our two nations are very welcome and I believe that through learning from each other, both our nations will be able to enrich their own cultures thus leading to the evolving of even more innovative developments, that may bring benefit to both nations.

Our two nations have developed into what they are today through certain ideals that we share. Both the Jews and the Chinese share a strong emphasis on education that kept our two nations strong through the ages and continues today.

The Jewish People's survival through centuries of exile and hardship was rooted in that firm commitment to the education of the young generations that ensured the preservation of our culture. This, together with development of skills, born of necessity, required to adapt in order to survive in ever-changing and difficult circumstances enabled the acquisition of the creative and innovative approaches that have led to Israel becoming known as the "Start-Up Nation".

The publication of these books in Chinese, will, I hope, help members of the great Chinese nation become more familiar with our people and promote an even closer friendship and fruitful collaboration between Israel and China.

R. Rivlin

Reuven (Ruvi) Rivlin

犹太民族和中华民族都有着悠久的历史和灿烂的文化，其深厚的文化根基在人类历史上可以追溯到数百甚至数千年前。以中两国的古今文明都为人类思想的进步和发展作出了杰出的贡献。

我非常高兴地看到“发现犹太人丛书”中文版的出版。以中两国之间日益增长的交流与合作令人欣喜，我相信，通过相互学习，我们两国的文化都将更加丰富多彩，从而推动更多的创新发展，为两国带来益处。

以中两国都通过自己特定而又是我们共同的某些思想，发展到了今天。犹太人和中国人都非常重视教育，这使得我们两国能够历经岁月，保持创造力并延续至今。

犹太人民能够在数世纪的流离失所和苦难中得以生存，是植根于对年轻一代教育的坚定承诺，它确保了我们的文化传承。这一点，再加上在不断变化的、困难的环境中生存所需的必要技能的发展，赋予了我们以创造和创新的方法，从而让以色列成为了众所周知的“创新之国”。

我希望，这套中文丛书的出版，将有助于伟大的中国人民更加了解我国人民，推进两国之间的友谊，让以中两国的合作取得丰硕的成果。

［以色列］鲁文·里夫林

于耶路撒冷

犹太历 5779 年 12 月 9 日

（公元 2019 年 1 月 24 日）

序 /

致亲爱的中国读者

我叫丹·拉维夫，出生在耶路撒冷，我全身心地爱着我的国家和民族。我曾担任以色列电视台驻外记者，在华盛顿、纽约和伦敦等地工作。后来，我在中国内地、新加坡和中国澳门工作和生活了16年。近年，我回到以色列，担任Compass投资集团的股东兼总裁，与中国政府部门有着密切的合作。

我的中国缘分，似乎是冥冥之中的必然。两个古老的民族相互欣赏，以中关系日趋紧密，这些都是中国经历带给我的强烈感受。

为什么，仅占世界人口千分之二的犹太民族能在科学技术、财富创造、电影制作等众多领域成就斐然？

为什么，饱受仇视、暴虐甚至遭受过大屠杀的犹太民族能在近两千年的大流散中顽强地生存下来？

为什么，年轻的以色列国能在恐怖动荡的环境下快速跻身世界强国之列？

为什么，犹太人能特立独行，面向未来不断地挑战各种不可能？

犹太人的成就，是源自他们的教育、奉献、幽默和创新精神，还是出于生存本能和对生活的热爱？

……

越来越多的中国朋友向我提出诸如此类的问题。因此，我组织了几位以色列最优秀的作家和记者集体编写“发现犹太人丛书”，希望为中国朋友们解密犹太人的头脑和心灵。

欢迎开启充满趣味性和启发性的犹太思想之旅！我相信，“发现犹太人丛书”是迄今为止面向中国读者介绍犹太民族的最权威、最系统的著作之一。

这套丛书共 6 册，书中探讨的 100 多位人物塑造了我们共同的世界。书中既没有沉闷的学术味，也不是简单的史料堆砌，我们尽力以轻松的笔墨传播严肃的内容。

我希望，透过他们的成功故事，中国读者朋友们不仅可以解密犹太人的思维方式、行为习惯和创新精神，也可以从中获得灵感，助力事业成功。

丛书的每一册都选取了 18 位人物，这并非偶然。在希伯来语中，字母“18”代表着名词“生命”和动词“活着”。很多犹太人脖子上的挂件带有“18”符号,象征着对“生命”和“活着”的热爱。在第二次世界大战期间，占当时全球犹太人总数三分之一的 600 万犹太人被纳粹灭绝。这普普通通的两个词，对于经历过大屠杀的犹太民族来说却意义非凡。

清华大学出版社的编校人员为本丛书出版提供了细致周到的支持和指导，在此表示由衷的感谢！

感谢 Miriam Kutz 和 Ron Amikam 为初稿完成所做的工作和付出的努力。同时，参与过编译的有安小艺女士、毛妮女士、施冬健老师。

感谢安小艺女士为编译本丛书付出的智慧和辛劳。安小艺女士作为本书的主要编译人，曾在以色列留学和工作多年，对犹太人的社会和文化有着深刻的理解，视以色列为第二故乡，是中以友好关系的积极推行者。

最需要感谢的是阅读本丛书的中国朋友们，我们希望了解您，也希望您了解我们。

您的以色列朋友

丹·拉维夫

2018 年 8 月 18 日

前言 /

群星荟萃的好莱坞

好莱坞位于美国西海岸加利福尼亚州洛杉矶郊外，依山傍水，景色宜人。好莱坞是全球电影、音乐与娱乐产业之都，梦工厂、迪士尼、20 世纪福克斯、哥伦比亚影业公司、环球影片公司、华纳兄弟、派拉蒙等巨头，均坐落于此。

好莱坞是一个神话，是名人（celebrity）一词的发源地，在很大程度上引领着世界娱乐、时尚和文化潮流。

好莱坞的红地毯、时尚衣饰、光芒四射的明星、盛大的晚会、星光大道、豪宅以及巨额投资，吸引着全世界的追梦者。好莱坞在世界上的知名度和认可度，是它在全球娱乐界取得成功的标志。

100 多年前，一群欧洲犹太移民的子女在此创立了美国的电影业。时至今日，犹太明星对好莱坞电影业仍然有着巨大影响。

镜头前，活跃着许多犹太血统的电影明星；幕布后，有着犹太血统的制作人、导演、剪辑师和编剧比比皆是。

本书精选了 18 位好莱坞犹太巨擘的故事，从中我们可以感受到犹太人的荣耀和成功背后让我们学习与深思的东西。

目录

米高梅、华纳兄弟、环球影业

MGM、 Warner Bros、Universal Studios

1/

米高梅、华纳兄弟、环球影业：好莱坞的犹太创建者们

本章讲述的是创建好莱坞米高梅电影公司、华纳兄弟娱乐公司和环球影业的犹太人们。

许多去洛杉矶旅游的人，都会去好莱坞，他们想要体验一下这座影城的魅力和当明星的感觉，看一下奥斯卡颁奖的地方以及强大的好莱坞娱乐业，但是很少有人知道好莱坞是由一群勇敢而富有远见的犹太人创建的。

米高梅电影公司

1879 年，肖穆尔·戈德费许（Shmuel Goldfish）出生于波兰

华沙，在家里六兄弟中排行老大。虽然戈德费许（意为“金鱼”）是一个带着童话般美好愿望的姓氏，但出生在这个贫困家庭，他的人生注定历经磨难。

在 19 世纪后期，波兰犹太人遭到基督教徒居民的敌对和反犹太主义的挑衅。犹太人在居住地和周围城市的工作生活受到了限制，他们很难进入政府机构、银行或大公司工作，走在大街上也经常被人嘲弄欺负。

肖穆尔 3 岁时，华沙爆发了一场反犹太运动。暴民袭击了犹太人的家和商店，还摧毁路上的设施。犹太人进行反抗，双方都在斗殴中受伤。

暴力事件和长时间的恐惧焦虑深深地烙印在肖穆尔的心中。可能是这些事件唤醒了犹太人骨子里的自我保护意识，他们决定离开华沙，去更好的地方谋生。后来，肖穆尔·戈德费许改名为塞穆尔·高德温，改掉了具有波兰犹太人特色的姓氏，听起来像是美国人的名字。他和一群从欧洲移民过来的犹太后裔，在美国西部的加利福尼亚州创立了好莱坞。

他们创立了蓬勃发展的电影产业，也成就了很多著名的电影明星，他们富甲一方，对美国的娱乐业有至关重要的影响。

肖穆尔在美国成名之前，经历了一段漫长而曲折的路。15 岁时，父亲去世，使得家庭经济状况愈加困难。肖穆尔对未来感到绝望，第二年他决定离开家乡，去英格兰伯明翰投靠亲戚。

由于囊中羞涩，肖穆尔只能背着行囊徒步前往数百英里外的目的地。他历经千辛万苦，终于到达伯明翰，肖穆尔和亲戚一起生活了几年。虽然名字已经改成了塞穆尔，但是他仍然没有安全感和归属感。

对于生活贫困或者经历过反犹太运动的犹太人，美国是个充满机会的理想国度。1870 年至 1914 年期间，共有 2 200 万人移民到美国，其中有 200 万犹太人。他们抵达埃利斯岛——纽约港口人工小岛上的一个过渡站，面朝自由女神像。细心谨慎的移民官对他们进行了严格的体检，并在病人和残疾人的衣服上用彩色粉笔标记。移民官们还仔细盘问职业、教育、资产等问题，使得移民变得非常困难。他们往往被滞留几个小时或者几天之后，才被允许进入美国。

从加拿大进入美国的流程比较简单，塞穆尔选择了这条路线。1898 年，19 岁的塞穆尔移民到加拿大东南部的新斯科舍省，由此进入纽约，最终定居在纽约州北部的格洛弗斯维尔。在一家服装公司工作时，他显示出了手套营销方面的才能。4 年后，他被任命为公司总裁并被派往纽约。1902 年，他终于结束了漂泊生涯，正式成为美国公民。

空闲时间，塞穆尔热衷于看电影。当时，娱乐产业作为一个新兴而又富有创造力的产业，发展迅速。许多人愿意花上 5 美分去电影院看无声电影。电影院放映的电影都是黑白默片。屏幕旁边会有一个钢琴师或者一支小型乐队现场演奏配乐，但是配乐常常与电影内容不匹配。有时候，电影已经结束而他们仍然在演奏。

电影场景的拍摄方式也相当原始，大部分时间摄像机都固定在一个点，无法对演员进行近距离拍摄。

但是，正是这些局限性使得电影产业更加具有吸引力，年轻的塞穆尔决定进军电影行业，并对它可观的潜在利润进行了预估。作为销售人员，他的直觉非常敏锐。

塞穆尔找到了两个真正的合作伙伴：第一位是杰西·拉斯基，他的父母是犹太人，他涉足美国娱乐业，同时也在百老汇创作音乐剧。第二位是年轻导演塞西尔·戴米尔，他的母亲是一位英格兰犹太人。1913年，三人合伙成立了一家电影唱片公司，由于杰西·拉斯基名声最大，公司取名“拉斯基”。他们购买了一个著名戏剧的版权后，从纽约搬到了美国西部的加利福尼亚州，以便用更低的成本将它改编成电影。塞西尔·戴米尔在一个名为好莱坞的小村庄租赁了一个大谷仓，将它改造成摄影棚。6个月中，他们拍摄了21部电影，在电影圈崭露头角。

1927年，拉斯基公司成立了电影艺术与科学学会，负责在星光闪耀的奥斯卡颁奖典礼上铺设红地毯，所有明星都穿着花哨豪华的服装，摄影师以及那些获奖的或者没获奖的明星都会从红地毯上走过。这就是后来的奥斯卡金像奖，正式名称是美国电影艺术与科学学院奖，简称“学院奖”。全球有数十亿的观众观看奥斯卡颁奖典礼，同时奥斯卡颁奖典礼也为所有著名的娱乐报纸提供了重要素材。

塞西尔·戴米尔开始改变方向，不再拍摄短电影。三四十年后，当他开始拍摄大制作的史诗级电影时，他知道自己成功了。其中最著名的是电影《十诫》，这部电影讲述了主人公摩西带领犹太人走出埃及的故事。奥斯卡获奖影片《大马戏团》，讲述了马戏团的台前幕后生活。电影《霸王妖姬》讲述了《圣经》中的英雄参孙和大利拉之间的故事，大利拉引诱了参孙并且把他送到了敌人之手。

这部电影的演员维克多·迈彻和当时好莱坞最美丽的犹太影星海蒂·拉玛，赢得了 3 项奥斯卡奖。拍摄这部电影的 5 年前，海蒂·拉玛因为英国电影《欲焰》，成为历史上首位全裸出镜的女演员。这一大胆行为引起了强烈的反响以及媒体的愤怒，塞西尔·戴米尔听闻后迅速敲定海蒂·拉玛出演妖媚的大利拉一角。

当然，新兴的电影产业除了塞穆尔和他的两个合作伙伴杰西·拉斯基、塞西尔·戴米尔之外，还有其他制作人。20 世纪的前 20 年，一些犹太人成立的制作公司既互相合作也相互竞争，一步一步将好莱坞打造成了电影之都。

卡尔·莱姆勒就是其中一个。卡尔·莱姆勒是迄今为止第一个打破托马斯·爱迪生对无声电影业垄断的犹太人。伟大发明家爱迪生拥有 1 093 项专利，其中包括摄影机和电影放映机。他接管了纽约的无声电影院和电影制片厂，试图打败犹太竞争对手。卡尔·莱姆勒避实就虚，远离爱迪生所在的纽约，在美国西部的洛杉矶附近购买了一块土地，建立了一个名为“环球”的影视城，塞穆尔和他的两个合作伙伴以及其他制作人听说后都过来跟随他。

另外，好莱坞的哈里·莫里斯·华纳、阿尔伯特·华纳、山姆·华纳和杰克·华纳四兄弟，对于好莱坞的贡献也功不可没。华纳兄弟电影公司成立于1918年，是美国成立时间第三悠久的电影公司，前两家为派拉蒙电影公司和环球影业，均成立于1912年。四兄弟为了融入美国社会，改掉了波兰特色的姓名。起步伊始，他们努力迎合不同的观众。他们制作了一部26集连续剧，该剧讲述了一只由美国士兵收养的德国牧羊犬任丁丁，训练有素，会表演许多马戏团的戏法。这部连续剧帮助他们逃过了破产危机。在两位从华特·迪士尼公司跳槽的动画制作师的帮助下，他们潜心制作动画。这两位动画制作师创作了两个世界闻名的卡通形象，分别是兔八哥（一只可爱的兔子）和唐老鸭（一只麻烦不断的暴脾气鸭子）。他们从这些卡通电影中获利甚丰，借此成功收购动画电影的先驱华特·迪士尼公司，并且创作了著名的卡通形象——米老鼠。

电影业最大的颠覆，发生在1927年。华纳兄弟电影公司冒着资金短缺的风险引进新技术，制作了历史上第一部有声电影《爵士歌王》。这部电影由犹太演员阿尔·乔尔森主演，讲述了一位年轻的犹太男孩，不顾父亲反对，成为歌手的故事。后来阿尔·乔尔森也成为美国历史上最成功的艺人。这部电影中，男主角梦想成为一位爵士歌手，由于父亲的反对，他决定离家出走并且伪装成一个黑人歌手，最终取得了成功。

华纳兄弟影业著名的作品有“蝙蝠侠”系列、“超人”系列、“骇客帝国”系列、“哈利·波特”系列、“指环王”系列、“霍比特人”

系列以及 2016 年上映的《蝙蝠侠大战超人》。而截至 2011 年其出品的“哈利·波特”系列电影在全球范围内票房收入已经超过 74 亿美元，稳居全球“最赚钱”电影系列，这些成就都跟华纳兄弟早期的创业和经营理念分不开。

还有一位犹太人阿道夫·朱克尔，他也是早期电影业最杰出的人物之一，他的父母从匈牙利小镇里切移民到美国。刚来美国时，他像其他犹太人一样从事纺织业，主营皮草服饰。他设计的一种狐皮围巾成为时尚界的热门，借此赚取了人生的第一桶金。1903 年，受到无声电影院的启发，阿道夫初生牛犊不怕虎，和堂弟马克斯·德斯坦以及一位波兰移民过来的犹太制作人马库斯·洛一起收购了电影院。阿道夫引进了完整的法国电影，正如预期的那样，观众们非常喜欢，喜爱程度超过了短电影。之后，他成立了自己的电影制片厂。与拉斯基电影公司并驾齐驱，阿道夫和搭档拍摄了电影《罗宫秘史》，这部电影讲述的是一位国王被敌人锁在罗宫，沦为阶下囚。在救出国王之前，朋友们找了一个替身代替国王处理国政。而当替身爱上国王的未婚妻时，故事情节开始引人入胜。这部电影取得了非常好的票房，3 年后，拉斯基和朱克尔两家电影公司合并。当时，阿道夫没有加入重组的公司，而是加入了派拉蒙电影公司，这家公司在全国有 6 000 家无声影院。他出任这家公司的总裁，并且当了很多年。

19 世纪 20 年代中期，派拉蒙是世界上最大的电影公司，与竞争对手相比具有以下优势：它集制作、宣传、放映于一身。同时，朱克尔也找到了培养好莱坞巨星的方法，其中包括鲁道夫·瓦伦蒂诺、道格拉斯·费尔班克斯、葛洛丽亚·斯旺森以及克拉拉·鲍。

塞穆尔·戈德费许也没有加入重组后的公司。他是一个出色的电影制作人，同时也是一个性格很强势的商人。他受教育的程度不高，但是有许多的社会经验。他脾气有些暴躁，有时不愿意听取别人意见，所以也经常与别人争吵。这些原因导致朱克尔比他的名气更高，甚至有些人说同时作为好莱坞的先驱，他们两个无法相提并论。1916 年，他和埃德加·德塞尔温、阿奇博尔·德塞尔温一起成立了塞穆尔·高德温电影公司，德塞尔温兄弟俩都是百老汇的制作人。从此，塞穆尔·戈德费许正式把姓改成了高德温。

塞穆尔·高德温电影公司之所以出名，主要是因为商标——咆哮的狮子，但是这家公司并没有走很远。最终，该公司被朱克尔的合伙人马库斯·洛的公司米高梅电影收购。由于和两位合伙人意见不一致，相互关系不是非常融洽，塞穆尔依然没有加入重组后的公司。

塞穆尔选择单干，他独自成立了高德温电影公司。此后的 35 年里，他证明了自己是最优秀的电影制片人，成为好莱坞最大的独立制片人。塞穆尔擅长挑选剧本和演员，他挖掘了很多明星，其中包括充满男子气概的加里·库珀，冷酷神秘的蛇蝎美人、瑞典女演员葛丽泰·嘉宝。塞穆尔与导演威廉·惠勒合作，聘请了当时最好的编剧：本·赫克特、西德尼·霍华德和詹姆斯·鲁斯贝拉特。他制作的电影取得了巨大成功，很多电影获得了奥斯卡提名，比如：《阿罗史密斯》《死角》以及惊悚片

《呼啸山庄》。《呼啸山庄》讲述了一位旅行者在一场暴风雪中跌跌撞撞闯入呼啸山庄后的一系列故事。另外，一部关于家庭阴谋的电影《小狐狸》也获得了奥斯卡奖提名。1946 年,他制作的电影《黄金时代》获得了奥斯卡最佳影片奖。这部电影讲述了 3 位美国士兵，从战场归来后，却发现难以回到以前的生活轨迹的故事。

在塞穆尔制作的音乐电影中，最令人印象深刻的是《红男绿女》。这部影片讲述了一名纽约的帮派分子，和朋友们打赌他可以赢得修女的芳心。这位帮派分子由马龙·白兰度扮演，他是有史以来最伟大的美国演员之一，曾两次获得奥斯卡奖。

塞穆尔最后一部音乐电影是《乞丐与荡妇》，改编自格什温的同名歌剧。影片讲述了乞丐波吉，试图帮助他心爱的贝丝摆脱她的酒鬼毒贩前男友。塞穆尔为这部影片招募了强大的演员阵容，包括当时最受欢迎的黑人演员西德尼·波蒂埃。他的成功为其他黑人演员铺平了道路，例如山姆·戴维斯，他在事故中失去了一只眼睛，皈依了犹太教，自称“一个独眼的黑人犹太人”。还有一位是非常受欢迎的歌手珀尔·贝利。这部电影获得了 3 项奥斯卡奖项。

影响塞穆尔统领电影业的最大竞争对手是路易斯·梅耶（Louis Mayer），他出生在一个名为拉萨的犹太家庭，从白俄罗斯的明斯克移居到美国。这两个人有着相似的家庭背景。路易斯也是一个态度强硬的商人。他的父亲以回收金属为生，但他却专注于其他行业。他 19 岁离家，在马萨诸塞州黑弗里尔小镇购买了一家电影院。短短 5 年内，路易斯接手了该地区大部分娱乐业，此后进军好莱坞，成立了梅耶制作公司。当他在同行竞争中艰难前行时，米特罗公司总裁马库斯·洛提议收购他的公司，此前米特罗公司收购了高德温公司。这就是著名的米高梅电影公司的由来。

路易斯以合伙人身份留在米高梅公司。7 年后，马库斯·洛死于心脏病，路易斯继任米高梅公司总裁。20 世纪 30 年代，米高梅成为世界上最大的电影制作公司。

路易斯是一位领导力非常强的人，也非常有经营头脑，但是娱乐界总是有丑闻。13 岁就被米高梅公司签下的天才少女朱迪·加兰，凭借在电影《绿野仙踪》中的出色表现一举成名。但是问题来了，路易斯希望她保持少女形象，而正处于青春期的朱迪身材发生着明显的变化。朱迪的丈夫在自传中写道：路易斯和助手们强迫朱迪减肥，导致她患上了抑郁症和厌食症。根据摄影棚传出的故事，她被迫吸烟以抑制食欲，借助兴奋剂维持长时间工作。因为她有一点驼背，路易斯称她为“我的小驼背”。有目击者称，路易斯曾手捂朱迪的胸部教她如何发声。更甚的是，他们用绷带将她的胸部紧紧地勒平，让她穿上幼稚的衣服，以隐藏身体曲线。据朱迪的丈夫透露，朱迪曾遭受过性虐待，而公司对此置若罔闻。

路易斯经营了米高梅公司 20 多年，后来由于和合作伙伴合作不愉快而被解雇。他对电影的选择和他的政治倾向一样保守。他曾任加利福尼亚州的共和党主席，与许多政治家私交甚密。

路易斯在他的职业生涯中，培养了许多明星和导演，但是他也有不完美的地方。他有时严厉地抨击其他制片人，如塞穆尔和他的下属们。甚至有传言称，他掩盖了一些明星和导演的罪行。晚年，他专注于喂养马匹，远离尘嚣，在 94 岁时过世。

曾经最大的竞争对手塞穆尔出现在路易斯的葬礼时，其他人都感到很意外。之后听他说道："许多像我一样来参加葬礼的人，只是想确认他是不是真的死了。"

既生瑜，何生亮！如果塞穆尔在路易斯之前逝世，路易斯可能会在他的葬礼上说同样的话。

犹太人在好莱坞取得了非凡的成就，我们会追问：为什么是犹太人创造了好莱坞？在当时的背景下有两个方面的原因：一方面是当时犹太新移民无法到大公司、银行、保险公司等地方工作，他们主要从事服装和纺织业、回收废铁，在干洗店、药店、相机店、美容院或厨具店打杂。另一方面，美国无声电影和电影产业刚刚起步，敞开怀抱欢迎那些抓住时机并且有远见的企业家加入，犹太人利用他们天生的经商嗅觉伺机而动并抓住了机会。

1926 年是电影业的黄金时代，犹太人完全掌控了电影业。电影业的投资估计为 15 亿美元，成为美国第五大产业。20 世纪 30 年代初的经济危机，对电影业影响甚微。在经济危机高峰期的 1934 年，美国 25 位薪酬最高者中有 19 位是犹太电影公司的总裁。路易斯以 130 万美元的年收入位居榜首。

如果说好莱坞是个奇迹，那本章中提到的犹太人都是奇迹的创造者。虽然他们当时被歧视，虽然他们没有条件接受教育，虽然他们的性格并不完美，但是他们善于把握机遇、敢想敢做的精神值得我们去探寻。

艾尔·乔尔森

Al Jolson

2/

艾尔·乔尔森：子承父业，一代歌王

1927 年 10 月 8 日，华纳公司出品的音乐剧《爵士歌手》在美国好莱坞首演。这部完整有声电影的放映，是美国电影业的一场革命，同时也标志着无声电影时代的终结。

《爵士歌手》根据同名戏剧改编，讲述了一些发生在犹太人身上的趣事，使观众们感受到了犹太文化。例如，你会从故事中得知意弟绪语是在德国的犹太人讲的话。不出意料，电影情节与演员艾尔·乔尔森（Al Jolson）的传记内容相似。

1886 年，艾尔·乔尔森出生于俄罗斯，原名阿萨·约尔森。他是康托尔·摩西·鲁文的第四个儿子。童年时移民至美国，在华盛顿长大。他的父亲是一位拉比，也是一位歌唱家，在华盛顿特区的“塔木德托拉”犹太教堂诵经、唱祷文。但是，艾尔没有子承父业，相反地，他投入了被传统犹太人认为世俗的娱乐行业。在电影中，艾尔·乔尔森被称作杰克·拉比诺维茨，也是一个歌唱家的儿子，为了成为一名爵士歌手，他藐视传统。此外，他还爱上了一位非犹太女孩，这一点也是很多犹太家族不能接受的。

艾尔在电影中演唱的歌曲，是未经修饰的流行音乐，由于混杂着黑人音乐的节奏和犹太音乐的韵律而饱受争议。犹太祈祷词“科尔尼德拉”也由于某种原因被引入了电影，这是一种在神圣的犹太“赎罪日”中的犹太人的祈祷词。信徒们通常是带着敬畏之心，在犹太会堂里祈祷，而不是在舞台上进行祷告。

尽管如此，这部电影还是取得了惊人的成功，不仅仅是因为终结了无声电影的时代，而且因为艾尔·乔尔森将脸庞化妆成黑色，参考的是美国的黑人社会。电影情节谈论的是有关移民、同化和不同文化之间的碰撞。

艾尔有幸出演《爵士歌手》，这绝非偶然。他是第一位在美国成名的犹太人。在 20 世纪 30 年代，他被誉为“世界上最伟大的艺人”。他的演出票价一路飙升。他有一种外向又充满喜剧性的表演风格，脸总是化妆成黑色，他喜欢与观众进行生动而有趣的对话。在演出中，他经常会走下舞台，在过道上走来走去，或是逗留在某个观众（通常是女性）身边演唱。“激动人心的表演”“吸引人的个性”，这些都是娱乐记者用来形容他的一些词汇。他对每首歌曲的演绎都令人激动不已。他演唱过的知名歌曲有很多，如《我的妈咪》《四月的阵雨》等。

他演绎的是歌曲的灵魂。后人会这样写：“猫王普雷斯又快又吵的摇滚乐、艾尔·乔尔森的爵士乐、蓝调音乐和拉格泰姆音乐其根源都来自古典音乐。”

艾尔 8 岁时，他的母亲去世了，家庭陷入经济困境，他和兄弟赫什走上街头，成为街头歌手。他们俩分别自称“Al”和“Harry”，在街角唱歌。他们用筹来的钱买了国家剧院演出的票。

14 岁时，艾尔远离家乡，来到纽约。最初两年，他的收入只够果腹。他混迹于一群失业的演员和歌手中，有时在纽约曼哈顿联合广场的长椅上睡觉。他一直在努力寻找进入娱乐界的机会，并建立自己的社交网络。有一次，他把钱全部花光，不得不露宿街头，风寒挨冻导致他患上了重感冒，后来因为肺结核住院。

时来运转，当他和兄弟一起表演时，给纽约百老汇的一位制片人留下了深刻印象，于是邀请他出演百老汇音乐剧。以后舞台便成为他的世界，在百老汇主演的《美丽的佩莉》和《邦博》等音乐剧大受欢迎，他的梦想从这里启航。30 多年来，艾尔一直受到国际社会的称赞。

艾尔是美国首个卖出 1 000 多万张唱片的歌手。当他受邀出演《爵士歌手》时，他已经在百老汇的“冬季花园”豪华大厅连续表演了 9 场，他精湛的表演技艺和出众的歌唱天赋使得他非常受欢迎，演出场场爆满，几小时内门票就售罄。在此期间，他已经环球旅行了16次。

第一部有声电影《爵士歌手》的成功上映，巩固了艾尔在娱乐界的地位,以至于他后来成为“哥伦比亚电影公司”总裁哈里·科恩的软肋。哈里是个粗俗的人，只有艾尔的声音能走入他的内心。当有人向他发出邀请，希望制作一部关于介绍这位犹太歌星人生的电影时，他欣然接受。艾尔饰演的角色是一个叫拉里·帕克斯的演员，但电影里所有的歌曲都由他亲自演唱。这部名为《乔尔森故事集》的电影获得了奥斯卡金像奖，其续集《乔尔森再次歌唱》也获得了三项奥斯卡提名。

华纳兄弟公司也不会忘记艾尔在《爵士歌手》中所作的贡献，这部电影给公司带来了很大的名气，同时也让公司赚得盆满钵满。公司和他签了一系列音乐剧的合约。其中最著名的是《歌唱的傻瓜》，这是一部经典的催人泪下的电影，讲述的是一个艺人在儿子快死的时候还坚持表演的故事。

当然，艾尔的声音也通过电台的方式走进了人们的生活。他主持的电台节目“艾尔·乔尔森秀”长达15年，并且在电台收听率调查中长期稳居第一。

艾尔的个人生活因为他辉煌的职业生涯和非常自负的性格受到了很大的影响。观众的喜爱和崇拜对他的影响很大，尤其是女性。当他还是一个不知名歌手时，遇到了舞蹈演员亨丽埃塔·凯勒，两人坠入爱河，接着步入婚姻的殿堂。10 年后，他成了超级巨星。而妻子却以他背叛婚姻并且长期夜不归宿为由，向他提出离婚。

此后不久，他与女演员阿尔玛·奥斯本同居，并于 1922 年结婚。但 6 年后，艾尔又变心了。一次偶然的机会，他去了得克萨斯州的一家夜总会，迷上了舞者（或是歌手）拉比·基尔。艾尔兴奋不已，从观众席走上舞台和她深情对唱。节目制作人当场邀请艾尔和她一起巡演，他同意了。接下来的发展可想而知，巡演结束后两人举办了婚礼。

基尔认为，她和艾尔的婚姻很美好，他们还领养了一个儿子，取名小乔尔森。但 10 年过后，她决意离婚。她已经无法忍受过于自负的丈夫。

1944 年，艾尔在阿肯色州的温泉医院遇到了第四任妻子，当时他在给伤兵进行慰问表演。X 光技师厄尔·加尔布雷斯引起了艾尔的注意，艾尔聘请她做秘书。一年后，他因身患疟疾住院。厄尔得知后，赶来医院看望艾尔，接着两人开始恋爱。两人婚后不久领养了一儿一女。他的儿子名叫小亚撒，和他的原名一样，女儿名叫艾丽西娅。

艾尔和哥哥的关系也很复杂。当艾尔的事业起步时，哈利的事业经历了一次长时间的衰退，这导致了两年甚至几年的裂痕的严重扩大。哈利的妻子莉莲去世后，他们才又亲密起来，兄弟间从此相互扶持。

艾尔坚持把脸涂成黑色，这不仅仅是一种营销手段。从一开始，他就在纽约百老汇的舞台上反对歧视黑人。当时的社会普遍存在种族歧视，他必须鼓足勇气才敢这样做，他甚至冒着被逐出教会的风险。成名后，他为黑人艺术家、音乐家和歌曲作家，如路易斯·阿姆斯特朗、杜克·艾灵顿和埃塞尔·沃特斯等人提供了许多帮助。

他与黑人的联系绝非偶然。早在20世纪初，美国流行音乐的趋势就是吸收非洲裔美国人的元素。这一举动的幕后操作者是犹太作曲家，他们将小音阶的音乐结合在一起，就好像是从意第绪语剧院取来的。

这是一个移民社区两个少数民族之间的共生联盟——黑人和同样受到不平等对待的犹太人。还有反犹太的影射和种族主义的诽谤，例如："犹太人要向我们兜售部落音乐了！"但美国青年喜欢这种音乐，其中包括艾尔，最终这种音乐影响了所有人。

1950年，艾尔·乔尔森因心脏病发作去世，享年64岁。当时，他正在旧金山的套房里打牌。他看上去很糟糕，并试图站起身嘟囔道："朋友们，我要走了。"言罢便去世了。

尽管有倾盆大雨，但仍有超过2万人出席他的葬礼。这是美国娱乐业历史上最隆重的葬礼之一。

艾尔·乔尔森在40多年的演艺生涯中，不管是塑造的众多的舞台形象还是演绎的许多让人难忘的经典曲目，以及讽刺剧作品的表演技巧都是百老汇历史上不可复制的。尤其是从一个传统犹太家庭走出，却走了一条不同于其他犹太人和宗族的、敢于为黑人呐喊的路，这种勇气和精神直到今天还让人赞颂。

马克斯兄弟

Marx Brothers

3/

马克斯兄弟：
讽刺喜剧天才

我认识一个看起来像你的人。他的名字叫伊曼纽尔·瑞布雷。

— 我是伊曼纽尔 · 瑞布雷。

— 你是伊曼纽尔 · 瑞布雷？

— 我是伊曼纽尔 · 瑞布雷。

— 难怪你看起来像他。确实有相似之处。

马克斯兄弟（Marx Brothers）堪称无厘头的鼻祖，热衷于塑造或癫狂或装傻充愣的人物，表现荒诞不经的内容，这种幽默在20世纪初的美国风靡了50多年。以下是一些例子。

从我们领到结婚证的那天起，我就像狗一样生活。

你确定领的不是狗牌吗？

明天我们开始拆除学院。

但学生们在哪里睡觉?

他们总是在教室里睡觉。

监狱不适合年轻人。

因为没有晋升机会。

马克斯四兄弟红极一时，电影和电视节目中到处都是他们的身影。他们的艺名分别是老大奇科（Chico）、老二哈勃（Harpo）、老三格劳乔（Groucho）和老五泽普（Zeppo）。他们表现出了对政治、社会现象、文化包括电影类型的嘲讽。他们有自己独特的风格，以疯狂的步伐、讽刺的言论、出人意料的场面拓展了幽默和讽刺的界限。他们讽刺了美国的大学制度和禁酒令［《马毛》（1932）］。这部讽刺教育的喜剧中讲述了一所大学只有年龄在35岁及以上的大学生。学习的课程是：足球、性、饮酒和如何讲幽默笑话。

在他们所有的电影中，有一个场景令人印象特别深刻，它描绘了他们所形成的无政府主义者荒谬的表演风格：四兄弟中的哈勃缓缓从他的长外套中拉出来一个木槌、一条鱼、一根长绳、一条领带、一个穿着内衣的女孩的海报、一杯热气腾腾的咖啡、一把剑和两根燃烧的蜡烛，一个接着一个。

作为犹太人，他们对批判对象的选择表现出了极大的勇气。

许多评论家认为《鸭子汤》(1933)是马克斯兄弟最好的政治讽刺作品，是对阿道夫·希特勒、贝尼托·墨索里尼等暴君的反击。犀利、粗俗和肆无忌惮的情节讲述了一场在两个小国之间的愚蠢战争，一位女富翁策划了这场战争，还在背地里运作一些不可告人的事情。这部电影嘲笑战争的疯狂和愚蠢。它攻击民族主义、法西斯主义和资本主义，表明和平条约的缺乏。许多人认为，它所表达的政治愿景冲破了荧屏，即使在今天也是如此。

同样，这部电影有一个令人难忘的场景，就是许多电影中都会有模仿的镜子场景：其中一个兄弟站在另一个面前，模仿他的动作，就像是在照镜子一样。

另一个场景嘲讽了当时的好莱坞清教主义，禁止拍摄男女在卧室里的场景。在《鸭子汤》中，一个女人的卧室安装了摄像头，镜头中是一双抛在一边的女鞋，旁边还有一双男鞋。当摄像机放大并靠近时，发现其中一个兄弟独自睡在床上，旁边是一匹马。

美国电影学院将《鸭子汤》评为有史以来最好的5部喜剧之一。伍迪·艾伦对此印象深刻，他在电影《汉娜姐妹》中加入了其中的一个场景。尽管意大利的独裁者贝尼托·墨索里尼确信这部政治讽刺电影是在嘲笑他的统治，禁止这部电影在意大利放映，但这反而使马克斯兄弟的名气飙升。

1887年至1901年，纽约布鲁克林的马克斯家族生了5个儿子。他们的父母是从德国移民到美国的犹太裁缝。当时，家里非常贫穷，他们住在纽约市的犹太贫民区，家里唯一值钱的东西是把漏水的咖啡壶，烧水时需要有人看着，否则炉火会被水浇灭。兄弟5个在德国、意大利和爱尔兰移民混合的社区中长大，受到了不同文化的影响。

有一天，大哥莱纳德带着他的兄弟们和喜欢给人起绰号的喜剧艺术家费希尔玩纸牌游戏，玩游戏的时候费希尔对15岁的莱纳德说：你经常追逐小鸡（chick），所以适合你的名字是奇科（Chico，与 chick 谐音），奇科是好色之徒。老二阿道夫获得了哈勃（Harpo，与 harp 谐音）的绰号，因为他喜欢弹奏竖琴（harp）。接着是年轻的老三朱利叶斯，他经常背着一个放着钱包和个人物品的布袋子，这是一种名叫格劳乔布袋的时尚单品（Grouch bag）。“我们会像你的包一样叫你格劳乔。此外，你总是看起来不高兴。”老四从小身体非常弱，取了格摩的名字。老五的绰号则是泽普。

在此后的第一次世界大战期间，这些绰号帮助他们隐藏了德国血统。当时美国人民对具有德国身份的人进行猛烈的攻击，贬损言论肆虐。

从马克斯兄弟很小的时候，父母就鼓励他们专注于音乐。老二哈勃是他们中最有才华的，他演奏各种乐器，最喜欢的是竖琴，也因此成名。在他的遗嘱中，将他的竖琴留给了以色列，现陈列在耶路撒冷的音乐和舞蹈学院。老三格劳乔会弹吉他，老大奇科是一位优秀的钢琴家。1905年，他们的叔叔阿尔伯特·勋伯格在歌舞杂要的舞台上表演。他有一支旅行表演团，其中包括戏剧、舞蹈、唱歌和单口相声。老三格劳乔作为一名歌手加入了他的团队，老四格摩也随之一起加入，后来又有一位叫梅布尔·奥·唐奈的替补女歌手加入，他们建立了一支名为“三只小夜莺”的乐队。虽然格劳乔在参加“三只小夜莺”之前曾经有过失败的经历。有一次，他在美国西部表演时，他的同伴跳踢踏舞把鞋子踢飞了，当场把一位女士砸晕。但一年后，他还是毅然加入了“三只小夜莺”乐队。

老二哈勃作为第四个歌手加入了这个乐队，最后他们的母亲和阿姨汉娜也加入了乐队。

他们称自己为“六吉祥物”，为了完善表演，他们在演唱中融入了滑稽表演。1912 年，有一天晚上，他们在得克萨斯州的纳克多奇斯牛仔小镇演出。表演到达高潮的时候，有人闯进大厅，喊道：“有一群奶牛失控了。”短短 1 分钟之内，大厅空无一人，一群奶牛在主干道上冲向尖叫的人群，牛仔们将牛群聚集之后，观众才回到大厅。

“六吉祥物”感觉受到了严重冒犯。格劳乔为了表达他的愤怒，在歌词中用了一个押韵的句子：“纳克多奇斯充满了蟑螂。”令他惊讶的是，观众开始鼓掌大笑。他即兴说了另一个贬义词，得到了更响亮的掌声。从观众们的反应，马克斯兄弟发现了荒诞喜剧的魔力，并开始确立他们独特的风格，既擅长即兴表达诙谐和讽刺场景，又可以演奏各种乐器。

这个时候，老四格摩决定放弃，原因是他认为做任何事情都比做演员更好。剩下的三位马克斯兄弟开始创作舞台角色：老三格劳乔给自己画了一个大胡子和浓密的眉毛。老二哈勃戴着一顶卷卷的白色假发，变成了哑巴，而不是扭曲着他的婴儿肥的脸庞做鬼脸、弹着竖琴表演哑剧。根据他本人的说法，在阅读了一篇关于他的表演的评论之后，他不再在舞台上和电影中讲话，那篇评论说他的哑剧令人惊讶，但是他每次一张嘴就会毁了这个节目。老大奇科模仿一种从他长大的混合社区中学来的不正宗的意大利口音，而老五泽普是后备演员，他可以代替任何一个缺席的兄弟上台。

马克斯兄弟在全国旅行表演了 20 年，积累了很多宝贵的经验，但是也经历了太多的失败、心酸和疲惫。如果能在纽约知名的剧场演出，甚至是进军百老汇，那对四兄弟来说将是巨大的飞跃。大哥科奇遇到了一位富商，他答应提供资金上的资助，让他们上演《我说她就是》的幽默剧。

《我说她就是》在百老汇获得了空前的成功，据说观众们都笑得岔气了。从此，三位马克斯兄弟的表演在纽约百老汇大受欢迎，他们成为美国各地的热门艺人。在与派拉蒙电影公司快速签约后，他们从舞台表演转到电影。1930 年，电影业从无声电影演变为有声电影时代，马克斯兄弟的表演极具优势，他们诙谐的谈话片段和音乐表演，快速又疯狂。他们的前两部电影实际上是从百老汇的舞台表演基础上改编的。

接下来是两部讽刺喜剧，《骗人把戏》中，马克斯兄弟扮演了躲藏在豪华巡洋舰上的偷渡者，并加入一帮犯罪分子之中。《马毛》是炙手可热的作品，观众的笑声充斥着大厅，评论家们大大地赞扬了他们独特的表演风格。《马毛》讽刺的是学校教育，这部电影上映后，马克斯兄弟成为知识分子青睐的明星。老三格劳乔在这部喜剧里面演的是校长，之后，萧伯纳称老三格劳乔是世界上最伟大的演员。

他们的第五部电影《鸭子汤》导致了他们和派拉蒙电影公司之间的严重分歧，并结束了合约。

正如前面提到的，《鸭子汤》在电影人看来是马克斯兄弟的杰作，一开始却很难被大家接受。它的情节很稀疏，但充满了令人激动的讽刺，故意直言不讳地大肆甚至过分攻击政治和道德现象。起初，它震惊了观众。在第一阶段，票房惨败。在第二阶段，它开始有票房，但电影公司认为它太大胆，超出了电影业可接受的范围。

与派拉蒙解约，给马克斯兄弟带来了真正的危机。他们第一次尝到了失败的滋味，也遇到了麻烦。他们认为他们作为喜剧演员的职业生涯已经结束。老五泽普决定退出，老三格劳乔开始宣布转行。是老大奇科将他们从困境中解脱了出来。他曾与一位名叫欧文·塔尔伯格的男子一起玩桥牌，欧文是45岁的行业奇才，曾经管理过米高梅工作室。当奇科告诉他，他们决定解散时，他急得跳起来说：“你们疯了吗？来找我们！”

欧文从《鸭子汤》事件中得出经验，就是远离任何不必要的风险。当拿出《歌剧院之夜》（1935）的剧本时，他要求他们首先以舞台剧的形式巡演。编剧坐在观众席上做笔记。经过一个月的演出，剧本修改完成后，开始拍摄电影。电影首先仍然保留了马克斯兄弟的独特风格。在电影中，他们为了帮助情人和嘲笑好莱坞浪漫的台词，想尽办法破坏一个歌剧节目。

《歌剧院之夜》获得了很大的成功，被看作是他们最成功的电影之一。一如既往，它充满了疯狂的场景和诙谐的笑话。电影中一个特殊的场景：将13人挤进一个小船舱，令人难忘。

另一部令人难忘的电影是《卡萨布兰卡之夜》（1946），这部电影疯狂讽刺了由汉弗莱·鲍嘉和英格丽·褒曼主演的神话电影《卡萨布兰卡》。

在原来的戏剧中，作为俱乐部经理的博加特需要在他对英格丽刻骨铭心的爱情和帮助英格丽的丈夫（一位反纳粹人士）逃脱的道德义务中做出抉择。马克斯兄弟的电影中讲述了，在格劳乔被任命为卡萨布兰卡酒店经理的时候，酒店里藏着一些纳粹战利品。纳粹的仆人哈勃想要赢得宝藏，与经理及其助手奇科一起泄露了宝藏的隐藏地点，最终被纳粹逮捕。

马克斯兄弟电影版本的成功，触怒了电影《卡萨布兰卡》的制作公司华纳兄弟电影。他们威胁要对马克斯兄弟提起法律诉讼，因为他们盗用《卡萨布兰卡》这个名字。马克斯兄弟用他们典型的幽默方式化解了危机。他们答复要对华纳兄弟提起诉讼，因为它的名字中含有“兄弟”两个字。

马克斯兄弟出演了13部喜剧，并在好莱坞历史上留下了浓墨重彩的印记。20世纪60年代，他们分道扬镳，老二哈勃和老大奇科在戏剧舞台上表现出色。老三格劳乔成为一个受欢迎的智力竞赛节目主持人，他比其他人更长寿。即使在临终前，插着管子不能说话的情况下，他也没有忘记幽默一下。对于去探望他的人，他会用手指在管子上玩耍，就像它们是风笛。他去世后，他的孩子们完成他的遗愿，微笑着送走他。他要求埋葬在人间尤物玛丽莲·梦露的坟墓旁边。

犹太人很直白并善于用幽默和讽刺，这一点是世界公认的。马克斯兄弟3人能同时获得成功，很大程度归结于三兄弟之间的默契配合和善用个人天赋，也就是今天所说的团队合作，发现观众的需求找到市场、做有特色的事并发挥每个人的长处是兄弟3人成功的秘诀。

海蒂·拉玛

Hedy Lamarr

4/

海蒂·拉玛：美丽陷阱

美丽，是海蒂·拉玛（Hedy Lamarr）一生中收到的最好礼物。她是世界上最美丽的女人之一，美丽得令人叹为观止，令男人心驰神往。凭借美貌，在20世纪30年代，她在美国电影界的职业生涯如日中天。她进入这一行业始于色情裸照的拍摄。

美貌，也是她进入和退出公共视线的源头。海蒂执着于维持漂亮女人的形象，以至于当她变老，脸上开始出现皱纹时，她试图通过整形手术保持容貌。不幸的是，手术失败，被毁容后她退出公众视线，待在佛罗里达州的家中直至去世。

美貌，可能也是导致她失败的致命原因。她是互换频率的无线电制导鱼雷的重要发明者，但当时的大男子主义者却不能接受这样一个事实：如此美丽的一个女人也可以拥有敏锐的洞察力和头脑。她曾经一直受到嘲笑和被忽视的发明，如今服务于 Wi-Fi（无线局域网）和 GPS（全球定位系统）等技术。晚年，她的发明终于得到了认可，但对她而言，这太晚了，海蒂·拉玛拒绝出席和接受奖项。

海蒂的生活就像戏剧一般不同寻常，引人入胜。

1914 年海蒂出生在奥地利维也纳的一个犹太人家庭，原名为海德维希·爱娃·玛丽娅·基斯勒。她从小生活富裕，衣食无忧，并接受了良好的教育。7 岁时，她就可以表演芭蕾舞和演奏钢琴。在孩童时代，她就是一个敏锐又充满好奇心的女孩。在父亲的鼓励下，她对身边的机械和电器产生了兴趣，并试图了解它们的工作原理。父亲想带她进入科学领域，但正值青春期和叛逆期的海蒂，对美丽有强烈的向往，不顾父母的反对，放弃了正在攻读的通信专业，跟一个戏剧导演在法国学习表演，这使得这个棕发碧眼的女孩改变了人生方向。

随后，她迎来了自己的处女作《街上的钱》，那年她才 17 岁。两年后，她主演了第一部电影——《欲焰》。这部电影颇具争议，在这部电影中海蒂创造了电影制作史上的一个先例：一位女演员在色情场景中全裸出镜。这部电影讲述了一个渴望爱情的女人嫁给了一个冷漠的男人。在有些场景中，海蒂还在树林里赤身裸体，或在游泳池里裸泳。这部电影是世界首部“露点”电影。

教皇严厉谴责这部电影，并要求教徒们抵制它。这部电影在美国被禁，但欧洲人兴高采烈地看着《欲焰》，英国人引用他们最著名的演员劳伦斯·奥利维尔的名字来称呼海蒂为“劳伦斯·奥利维尔的高潮”。海蒂名声大噪，在谴责声中开启了电影事业。

在《欲焰》风波发生后不久，海蒂·拉玛与奥地利军火大亨弗里茨·曼德尔结婚。结婚后的第一件事，就是买断她电影的所有副本。弗里茨与纳粹党有关系，他们的使命是净化那些非雅利安血统的德国人。他迫使海蒂成为一名社交名媛，两人在位于维也纳的家中招待过阿道夫·希特勒。此后不久，希特勒开始了大屠杀，杀死了 600 万犹太人。意大利独裁者贝尼托·墨索里尼也是他们家的座上客，他也对犹太人怀有敌意。

海蒂·拉玛慢慢无法忍受生活在弗里茨和他的纳粹朋友身边。23 岁时，她与弗里茨离婚。逃到伦敦后，她见到了美国制片人路易斯·梅耶，他是米高梅电影公司的创始人之一。这位粗鲁的制片人正在寻找电影新星。当他第一次见到海蒂时，立即就被她的美貌吸引了，并称她为“世界上最美丽的女人”。他试图说服她搬到美国西部的好莱坞，为米高梅电影公司工作。在合约谈判过程中，路易斯提出的周薪是 125 美元，海蒂设法说服他将周薪加到原来价格的 4 倍。作为交换条件，她接受了路易斯妻子的建议，将艺名改为海蒂·拉玛。这个名字来自无声电影时期的一位著名电影演员芭芭拉·拉玛。

双方对这次谈判结果都很满意。加入米高梅后，她参演的第一部电影《海角游魂》展现了她独特的美丽，并使她成为明星。这部电影讲述了在阿尔及利亚古堡躲避警察的巴黎珠宝小偷，爱上了一个美丽女人，迫使他离开了藏身之处。这部电影票房很高，片中塑造的黑发美女形象打破了金发美女统治银幕的传统，海蒂·拉玛登上了当时许多主流杂志的封面。正如她的称号"最美丽的女人"，她是成千上万男男女女的崇拜对象。当年在哥伦比亚大学的一项调查中，学生被问到希望和谁一起被困荒岛，他们都选择了海蒂。

20 世纪 30 年代至 50 年代，海蒂·拉玛主演了 30 多部电影。她的搭档都是当时最著名的演员。这一时期她出演了很多著名的电影，歌舞电影《齐格菲女郎》讲述了三位女性为了能够加入齐格菲歌舞团努力吸引著名制片人注意力的故事。海蒂与著名演员拉娜·特纳、朱迪·嘉兰一同在其中出演。

另一部值得一提的电影是《繁荣小镇》，她的搭档是充满男子气概的著名演员克拉克·盖博和充满人道主义的斯宾塞·屈塞。这是一部冒险电影，电影中两位好朋友为了致富而争夺油田的开采权，最终他们的友谊战胜了金钱和爱情。

海蒂最令人难忘的电影之一是《霸王妖姬》，影片讲述了《圣经》中的英雄参孙和大利拉之间的故事，大利拉引诱了参孙并且把他送到了敌人手里。这是一部由塞西尔·戴米尔执导的史诗级电影，演员阵容强大，也运用了很多电影特效。这部电影是 1950 年最赚钱的电影，海蒂与另一位当时著名的演员维克多·迈彻一起在其中出演，获得了两项奥斯卡奖。

海蒂的职业生涯起起落落，但也平稳发展了 20 年。演员必须签署严格的合同，这迫使他们长时间待在工作室里进行密集的拍摄。许多女演员都沾上了毒瘾，海蒂也不例外。她还在工作室外做了很多事。她经历了 6 次婚姻，在她离婚的日子里，她声称，在约翰·肯尼迪当选美国总统前与他在一起过。海蒂写了一本自传，这部自传成为《花花公子》史上十大色情自传之一。1958 年，海蒂宣布息影。

她与美国神话、电影制片人、著名商人霍华德·休斯的恋情成为一段佳话。他不仅让海蒂成为一个漂亮的女人，也让她成为一个发明家。霍华德想要设计当时世界上最快的飞机，海蒂对这个很感兴趣，霍华德带她去工厂参观，与航空工程师会面。

由于缺乏航空知识的正规教育，海蒂开始阅读关于飞行最快的鸟类和游泳最快的鱼的书籍。 她得出的结论是，霍华德飞机上的机翼太方正，需要换成流线型机翼。霍华德很兴奋，马上更换了机翼。

海蒂最重要的发明是在第二次世界大战期间诞生的。她的母亲逃离纳粹集中营，于 1940 年抵达伦敦。她想穿越大西洋与她美国的女儿团聚，但这次旅程太危险了，德国海军会使用导弹鱼雷摧毁该航线上的盟军舰艇。

这次，海蒂的合作伙伴是乔治·安太尔，是一位音乐家。乔治·安太尔掌握了通过读入编好码的打孔纸带来演奏的自动钢琴技术。海蒂回忆起她的第一任丈夫与德国军火商举行的会议，他们在会上讨论了阻挡引导鱼雷的无线电信号问题。她将两者联系在一起，发现可以借鉴自动钢琴的做法来实现“跳频”。这两个高中辍学、没有经过系统科学教育的人，发明了一种具有互换频率的无线电制导鱼雷。该系统可以服务于英国和盟军，在不破坏鱼雷频率的情况下攻击敌人。

海蒂解释道：“这项发明源于我改变战争中势均力敌现象的愿望，使得盟军不会败给德国人。”两人将发明专利描绘成书面语言并寄给了美国海军，但却得到了一个漫不经心的回复，因此，他们的发明无法执行。1962 年，专利到期 3 年后，美国海军开始在船上安装的通信系统中使用他们的发明，帮助美国在导弹危机期间威胁古巴。

海蒂和乔治没有从发明中获利。专家将此定义为天才发明，估计价值 300 亿美元，它现在被应用于每个蜂窝设备、GPS、蓝牙、Wi-Fi 或任何其他使用跳频技术的系统。

除了发明，海蒂对美国国家也有重大的贡献。她投身推销战争债券，为政府到各地巡演，创下了一次巡演推销 2 500 美元的纪录，这相当于 2016 年的 3.5 亿美元。

2000 年，海蒂·拉玛在孤独和贫穷中离开了人世，享年 85 岁。因为她将大部分资金投入到一部独立制作电影中，这部电影的发行遇到了困难。好莱坞的男性制片人并没有意识到一个女人，而且是一个漂亮的女人“入侵”了他们的领地，就像那些因为她的美丽而没有认真对待她的发明的专家。海蒂将她在职业生涯中学到的教训总结为一句话：“任何人都可以成为好莱坞明星。她只需要站着不动，眨着眼睛，看起来傻乎乎的。”这也是她被称为“漂亮的不像实力派”的原因。

海蒂·拉玛在她去世后获得了认可：德国、瑞士和奥地利将每年11月9日（海蒂的生日）定为“发明家日”。2014年，海蒂百年诞辰，媒体对她的报道铺天盖地。她甚至入选美国发明家名人录，和爱迪生、瓦特等人一起被敬仰。她被世界通讯协会称为“为人类作出重大贡献的人物”，同时被称为“CDMA之母”，也是《美国发明与技术遗产》杂志曾经最美的封面人物。

柯克·道格拉斯和迈克尔·道格拉斯

Kirk Douglas & Michael Douglas

5 /

柯克·道格拉斯和迈克尔·道格拉斯：好莱坞的父子鬼才

2014 年，美国《人物》杂志报道了一则令人震惊的消息，好莱坞最后一位巨头、演员柯克·道格拉斯（Kirk Douglas）逝世，享年 98 岁。这篇文章详细描绘了他丰富多彩的一生，用了很多华丽的辞藻。例如："道格拉斯是比电影黄金时代的明星更耀眼的巨星。"许多读者沉浸在悲痛中，但是不少读者感到疑惑，柯克·道格拉斯还很健康地活着啊。真相是，有人听到了道格拉斯去世的谣言，急忙告知了年轻又缺乏经验的杂志主编。主编没有确认这个消息的真实性，就直接发布了事先准备好的悼词。

2016 年，一些报纸及电视媒体，包括《人物》杂志，获许参加柯克·道格拉斯的百岁生日庆典。庆典在好莱坞的一家酒店中低调举行，只邀请了 150 多位亲朋好友，其中包括著名导演斯蒂芬·斯皮尔伯格。最引人瞩目的是柯克·道格拉斯的儿子，演员兼制片人迈克尔·道格拉斯（Michael Douglas），儿媳凯瑟琳·泽塔-琼斯以及他们的两个孩子。

迈克尔泪流满面地向父亲敬酒，感谢父亲对他职业生涯的引导。他还说道：“伴随圆满职业生涯而来的，是经历过的多重磨难，丧子、飞机失事、中风，克服所有这些磨难后，定将幸福长寿。”

听完祝词后，柯克·道格拉斯哈哈大笑：“他在说谁？我认识那个家伙吗？”他的目光一直锁定在生日蛋糕旁边的伏特加。私人医生答应他，如果他能活到100岁，可以允许他喝一杯酒。这位传奇明星，在这个承诺兑现的那一刻露出了笑容。

柯克·道格拉斯的下巴中央有一个凹坑，这个标志性特征使他在好莱坞脱颖而出。在20世纪30年代，阳刚的男影星深受美国观众喜爱。有绅士风度的男性、神秘而浪漫的男性或者是战争中的英雄，都让女人们为之倾倒。柯克走的是不同的路线，为了呈现一个好的角色他遭受着身体的伤痛，经常扮演外表粗犷但内心细腻的形象。他曾在一部电影中失去了一只眼睛，在另一部电影中失去了一根手指，后来又失去了一只耳朵。他得过脑震荡，也被蛇咬过。

柯克·道格拉斯拍摄过历史片、惊悚片、动作片和战争片，但几乎没有出演过喜剧。他更喜欢扮演那些有辨识度且富有争议的角色。30多年来，他一直是美国电影界最著名的明星之一，在好莱坞颇具影响力，但他自己从未获得过奥斯卡奖。尽管如此，他主演的29部电影中有一些成为美国电影历史上的里程碑。这些电影描述了关于道德、绝境、忠诚、奉献以及自由精神。其中有一部电影是《斯巴达克斯》(1960)，他既是主演也是制片人。这部史诗级电影讲述的是古罗马时代的战争故事，演员阵容非常强大。扮演“斯巴达克斯”的他领导着奴隶和角斗士起义，在与罗马军队的对抗中取得一连串胜利后，他被俘虏了，被钉在十字架上。

这部电影获得了6项奥斯卡奖，包括最佳服装设计、最佳艺术指导、最佳摄影、最佳电影剪辑、最佳配乐，演员彼德·乌斯蒂诺夫荣获最佳男配角奖。这部电影是在麦卡锡时期制作的。麦卡锡是美国参议院的一个委员会的成员，该委员会将一些和共产党或俄罗斯有关系的人列入黑名单，并且残忍地迫害他们。许多艺术家和电影明星都因受到诬陷而被迫终止了事业。《斯巴达克斯》的编剧多尔顿·特朗博曾是一位共产主义者，所以被列入了上述黑名单。柯克坚称这部电影的成功完全归功于多尔顿·特朗博，并用自己的名誉保全他，使其免受伤害。

柯克·道格拉斯

1916年，柯克出生在美国郊区一个俄罗斯正统的犹太家庭，取名为伊叔·达尼埃洛维奇·丹姆斯基。他就是出生在低收入犹太家庭，靠自己努力曲折成名的典型例子。第二次世界大战期间，他曾在美国海军服役。战后，他开始在广播站、剧院和广告公司工作，立志进入电影界。

他放荡不羁的外表，第一次让好莱坞接受了犹太人流浪落魄的形象。就像很多电影行业的犹太人一样，为了更好地出名，他改了一个美国名字——柯克·道格拉斯，但他从未试图隐藏犹太身份或血统，重视每一个犹太节日。在与拉娜·特纳一起拍摄电影《玉女奇遇》（1952）时，有一天刚好是犹太人的赎罪日。禁食期间，柯克来到了片场。当被问及在片场是什么感觉时，他回答道："你可以想象当你饥肠辘辘的时候会和拉娜·特纳做爱吗？"

柯克多次到访以色列，受到总理埃胡德·奥尔默特和本杰明·内塔尼亚胡的会见。他做了多次关于犹太教和以色列的专访。20 世纪 90 年代，他曾经致信美国总统吉米·卡特，抗议他的反以色列言论。而之后，为了表彰他对美国文化的贡献，吉米为他颁发了总统荣誉勋章。

1953 年，柯克参演了第一部关于大屠杀的电影，即在以色列拍摄的《风尘知己》。这部电影讲述了一位大屠杀幸存者（柯克·道格拉斯饰），经历了纳粹死亡集中营后，带着心理阴影，移民到了以色列。他到达的这个移民营在他看来就像一个集中营，在他逃脱的过程中意外杀死了一名警察，曾经的幸存者现在变成了逃犯。这部电影的目的是震惊那些对大屠杀漠不关心的人，并向他们展示大屠杀对幸存者造成的精神伤害。《风尘知己》也指出了心理康复治疗的重要性。一些像电影中这位悲剧英雄一样的幸存者，在经历过大屠杀之后迷失了自己。

在以色列拍摄，由柯克主演的另一部电影是《黑幕落下》。这部英雄主义战争片，引发了美国犹太人对以色列的同情。电影改编自一个真实的故事，讲述了美国－犹太战争中的一个战争英雄米基·斯通将军（柯克·道格拉斯饰），他决定去以色列协助建立以色列国防军，并训练军队为以色列建国后的独立战争做准备。他改名为大卫·马库斯，总理大卫·本·古里安授予他少将军衔，出任以色列国防军的第一任少将，并任命他为耶路撒冷战线指挥官。 在突破通往耶路撒冷的道路后，宣布停火前夕，不幸被友军意外击倒。

虽然柯克专注于战争电影，这些电影宣扬了道德、忠诚和在困境中承担责任，但在评论家看来，他最好的角色之一就是在电影《光荣之路》中扮演的法国指挥官。在电影中，指挥官勇敢地反抗上级将军，阻止战争中不必要的伤亡和损失。这部深刻的反战电影，对在什么原则下可以拒绝命令或者抵制违法行为进行了讨论，但在法国被禁映了 20 年。

柯克在政治惊悚片《五月中的七天》（1964）中扮演的军事副官遇到了同样的难题，他发现他的上司因为美国总统将要与俄罗斯签署一项关于核武器解除武装的条约，正在与其他人谋划推翻美国总统。这个条约极具争议性，引起了美国公众和政府官员的反对。这位军方副官内心非常纠结，是该按照军法要求保持对上级的忠诚，还是应当承担公共责任揭露该计划。

1951 年，柯克 · 道格拉斯与导演比利 · 怀尔德合作了讽刺电影《倒扣的王牌》，这部电影质疑了媒体的可信度，揭露了新闻界的丑陋。讲述了一位身无分文的记者（柯克 · 道格拉斯饰），曾任职于纽约一家大型报社，后来在新墨西哥州的一家小报社工作，他得到一个独家消息：一名考古爱好者被困在印第安山洞中。为了维持事件的热度，这位记者特意安排费时的营救方式，几天内人群不断涌入，营救现场俨然成为游乐场。

这部电影上映时，由于它揭露了新闻界的丑闻，引起了媒体的不满。导演比利·怀尔德差点断送了导演事业，这也导致比利·怀尔德后期更专注于喜剧电影的拍摄。

另一部柯克主演的极具挑战性的电影是《梵高传》。影片中他饰演了脾气古怪的荷兰画家梵高，他在最疯狂的时候切掉了自己的一只耳朵，一生都没有卖出去一幅画作。而现在他的画作以数百万美元的价格出售。柯克凭借在这部电影中的表现获得了金球奖。

柯克 · 道格拉斯有三个儿子。2004 年，长子埃里克在纽约一个公寓中服药自杀，年仅 48 岁。埃里克是一个失败的喜剧演员，后来染上了毒瘾和酗酒。他穿梭于酒吧、诊所和监狱牢房。有一次，他醉酒驾车撞了两辆汽车，还有一次，不顾工作人员劝阻携带宠物上飞机，因扰乱公共秩序被判入狱一个月。次子乔尔是个酒鬼，最终成功戒酒。小儿子迈克尔子承父业，作为演员和电影制片人获得两项奥斯卡奖。

迈克尔·道格拉斯

迈克尔出生于1944年，7岁时父母离异。他由母亲和继父抚养长大，和继父的关系很好。尽管父亲拍摄时都带着他，但他自称从未想过成为一个演员。即使他选择在加利福尼亚大学学习戏剧，也只是因为他认为这是一个轻松的专业，而不是想成为一名演员。

他回忆道："父亲观看了我在大学的一部戏剧，他对我说，'你的表演太烂了，你做不了演员'。"在看到他的另一部剧后，父亲改变了看法，说道："你很棒。"

22岁时，迈克尔开始了演艺生涯。父亲让他参演电影《黑幕落下》（1966），在这部电影里面，父亲柯克是主演，迈克尔作为配角扮演了一名吉普车司机。后来，迈克尔在电视连续剧《旧金山的街道》中扮演了一名警官，这部电视剧拍了3年，他的演艺生涯同样充满曲折。

事业的转机出现在电影《飞越疯人院》（1975），这部电影讲述了一位囚犯为了逃避监狱里的强制劳动，伪装精神失常，被送进了精神病院，然后，他发现患者在一系列的压迫和惩罚中失去了人性，被迫接受一些不合理的治疗，例如被捆绑和电击。

"父亲拥有电影《飞越疯人院》的版权，但一直没有遇到合适的制片人将它制作出来。”少年道格拉斯说，“当父亲几乎绝望时，我告诉他让我试一下。我花了 5 年时间，最终成功了。当时父亲年事已高，导演米洛斯 · 福尔曼认为他不再适合参演。我告诉父亲有一个好消息和一个坏消息：好消息是我们制作出了这部电影，坏消息是主角是杰克 · 尼科尔森。”

这部电影非常成功，获得了 5 项奥斯卡奖，票房收入超过一亿美元。1988 年，它入选美国电影史上 100 部最佳电影榜单。这部电影引起了观众强烈的共鸣，并且促使美国的精神卫生系统自省。

迈克尔·道格拉斯在世界各地推广这部电影。回到好莱坞后，31 岁的他已经被誉为天才制作人。华纳兄弟娱乐公司和迪士尼工作室热情地向他伸出橄榄枝，希望他出任总裁。没有人把他当作演员。迫于无奈，为了展现自己的电影天赋，迈克尔开始制作一系列电影。不幸的是，1980 年他在滑雪中受伤，事业中断了 3 年。

1987 年，他在电影《华尔街》中取得了重大突破，这部电影揭露了纽约证券交易所的腐败问题。金融大亨戈登 · 盖柯（迈克尔 · 道格拉斯饰）入狱 8 年后被释，他改过自新，与女儿和解，重回金融界。他加入了一个年轻有理想的银行家团队，银行家慢慢发现盖柯是一个厉害的操盘手，他用非法手段敛财。他的口头禅是：“贪婪是件好事。”

迈克尔凭借在电影中的表现获得了奥斯卡奖，成为炙手可热的演员，他始终记得父亲的建议：“可以尝试扮演恶棍、叛徒等反派角色，也可以试着演绎一个杀手。当人们感受到这个角色的卑鄙时，你就成功了。”

这个建议促使他参演色情惊悚片《致命诱惑》(1987)，在这部影片中，一个精神不稳定的女人(格伦·克洛斯饰)诱使同事(迈克尔·道格拉斯饰)陷入短暂的恋情。当他提出分手时，她拒绝接受，以自杀要挟，并企图杀死他。

这部电影为后来道格拉斯接演浪漫、性感的角色奠定了基础。他后来又和莎朗·斯通出演了令人难忘的色情惊悚片《本能》(1992)。这部电影讲述了一名警探(迈克尔·道格拉斯饰)正在调查一名涉嫌谋杀她情人的畅销书作家(莎朗·斯通饰)，警探在调查过程中被女作家狂野的激情所迷惑，她引诱警探并试图从他那里得到关于调查的细节。

《本能》获得了很高的票房，但不久之后，迈克尔就进入了康复中心接受治疗。媒体称他患有性瘾。他自称身心疲惫，而且继父的离世让他很悲痛，使得他只能用酒精麻痹自己。

他承认："沉迷酒精和毒品可能是我们家族的遗传。我的两个兄弟埃里克和乔尔都是这样。我发现酒精只能暂时麻痹自己。我的儿子卡梅隆才华横溢，但从 13 岁开始沉迷于毒品，后来还因贩毒被判处 7 年徒刑。”

治疗结束后，他又在电影《叛逆性骚扰》中扮演了一位即将晋升的电脑公司制作部主管，却发现新上司是他的旧情人，这位新上司难忘旧情，不管主管已婚的事实，强迫他与其和好。主管拒绝了，新上司开始污蔑他，并得到了管理层的支持。在被解雇之际，他成功揭露了她的谎言以及她对公司造成的损害，最终新上司被解雇，主管再次赢得了管理层的信任。

在40多年的职业生涯中，迈克尔·道格拉斯作为演员或者制片人参与了41部电影。电影《毒品网络》（2000）改变了他的生活。这是一部关于贩毒的电影，故事发生在墨西哥。在追捕毒贩的过程中，缉毒人员却成了帮派老大的棋子。在电影中，他遇到了凯瑟琳·泽塔–琼斯（生于1966年），她是一位歌手兼舞蹈演员，曾经是音乐剧天才少女，长大后出演了数十部电影、戏剧和电视剧。凭借电影《芝加哥》（2002）荣获奥斯卡最佳女配角奖。凯瑟琳被评为世界最美丽的性感女人之一，40岁时依然敢于裸体出镜。

迈克尔与结婚23年的妻子离婚，然后与凯瑟琳结婚。当他们的儿子迪伦13岁时，他们飞往以色列并在耶路撒冷的哭墙为儿子举行传统的受戒礼（为年满13岁的犹太男孩举行的成人仪式）。2015年，迈克尔和家人再次来到以色列，为赞扬他对犹太遗产和以色列遗产作出的杰出贡献，总理本杰明·内塔尼亚胡授予他著名的“创世纪”奖。迈克尔宣布，他将捐赠100万美元，以鼓励和促进所有犹太人之间的友谊。

2010年，迈克尔·道格拉斯感到喉咙痛。他回忆说：“医生让我张开嘴，我的舌头上有一个核桃大小的瘤。我进行了活检，两天后医生打电话告诉我是癌症晚期。天哪，晚期？”媒体说是因为口交导致。我没有否认，因为它听起来很性感。我需要接受8周的化疗和放疗。我无法吞咽，所以他们将食物直接导入食管中。当我终于可以吃饭的时候，我的第一件事就是吃犹太传统食物——犹太面包汤。我瘦了20多公斤。当有人问我是如何熬过来的时候，我说，这么多年我过得太顺利了，我已经准备好接受磨难了。

妻子也因为他的癌症精神崩溃，并住院治疗。

癌症康复后，迈克尔·道格拉斯受邀来到洛杉矶参加金球奖颁奖晚会，并颁发其中一个奖项。他看起来很瘦，面容憔悴。观众们纷纷站起来为他鼓掌。当掌声停下来时，他幽默地说："希望以更轻松的方式接受这样的起立鼓掌。"

复出之后，他一改以前善良而有礼貌的荧幕形象，不再拍摄情爱电影。在电影《烛台背后》（2013）中，他扮演著名同性恋钢琴家李伯拉斯，他多才多艺的表演使得这个角色充满了趣味、讽刺和诗意。李伯拉斯是一个上了年纪的自恋男子，生活奢侈，隐藏着性取向。他和一个17岁的男孩有着复杂的关系，这个男孩被钢琴所吸引，但主要是需要父爱。

凭借这部电影中的出色表演，迈克尔·道格拉斯获得了金球奖。对他而言，这部电影的成功是所有一开始不相信自己表演能力的人的榜样。

保罗・纽曼

Paul Newman

6/

保罗·纽曼：美国人的终极偶像

著名电影明星保罗·纽曼（Paul Newman），是每一位美国民众心中的偶像。后因癌症去世，终年83岁。他拥有健美的体格、英俊的外表，还有一双湛蓝的眼睛，使许多女性怦然心动。他曾是一位在职业锦标赛中驾驶赛车的硬汉，也是一位捐赠了数亿美元的慷慨慈善家。同时，保罗·纽曼也十分关心政治，他坚定地公开反对腐败的尼克松总统。尽管身处离婚似家常便饭的好莱坞，他仍几十年如一日地爱着自己的妻子。

保罗·纽曼的职业生涯一帆风顺，他一生出演了大约60部电影，并以《金钱本色》的出色表演荣获奥斯卡金像奖最佳男主角。

成 长 经 历

1925 年，保罗·纽曼出生在美国俄亥俄州克利夫兰郊区的一个富裕家庭。他的祖先是来自匈牙利和波兰的犹太移民。他的犹太父亲阿瑟和母亲斯洛文尼亚经营着一家生意兴隆的体育用品商店，这大概能解释他喜爱运动的原因。他是一名赛车爱好者，曾获得 4 次全国冠军，并拥有一支赛车车队。70 岁时，保罗作为最年长的职业赛车手赢得职业赛车锦标赛，这一成绩被载入吉尼斯世界纪录。

虽然 5 岁时作为基督徒受洗，但保罗宣称自己是犹太人，因为“这更具挑战性”。

很小的时候，保罗就对戏剧产生了兴趣。但他高中毕业后却选择了学习经济学，后来由于第二次世界大战，他不得不终止学业。保罗被送到常春藤联盟大学之一的耶鲁大学接受一个特殊培训项目，培训结束后，他将成为一名飞行员，但令他失望的是，他发现他的标志性特征——蓝眼睛，是有缺陷的，他是色盲。保罗接受过鱼雷炮手的训练，也接受过驻扎在太平洋地区的航空母舰上的航空无线电人员的训练。1945 年第二次世界大战结束时，他死里逃生，他本应被指派上一艘航空母舰上的飞机，幸运的是这架飞机的飞行员耳朵感染了，航班被取消了。该航母受到日本神风特攻队的猛烈轰炸，航母上的人无一生还。

战争结束后，他退役并回到家乡，得到了一份体育奖学金从而进入了凯尼恩学院学习。但一次膝关节损伤使他不得不放弃运动，从此他开始转向演戏，加入了威斯康星州的一个夏令剧目公司。保罗·纽曼继续完成了经济学学位，但他对童年就喜欢的戏剧的憧憬却日益强烈，他向耶鲁大学申请了表演学位，并在纽约著名的李·斯特拉斯伯格工作室完成了学位。耶鲁大学后来授予荣誉人文博士学位给他。

1947 年，保罗又来到伊利诺伊州，与女演员杰奎琳·威特结婚。

父亲去世后，他将商店的股权转让给了弟弟，自己前去投考耶鲁大学戏剧学院的研修生。假期中，他又前往纽约，1952 年在哥伦比亚广播公司（CBS）自 1949 年开始播放的电视连续剧《奥尔德里奇的家》中得到了一个角色。当年，保罗签约电影公司，并于次年首次于百老汇亮相，他在舞台剧《野餐》中出演一个角色，从而引起了华纳兄弟公司的注意，不久进入了这家公司，正式踏入影坛。

电影生涯

参与了百老汇的多次演出后，保罗于 1954 年迎来了第一个电影角色。在电影《圣杯》中，他饰演了一位来自安蒂奥奇的希腊工匠，被任命用银子铸造基督杯，并在其边缘雕刻出门徒和耶稣的面孔。这部电影非常失败。

两年后，保罗在电影表演上得到了突破，在电影《回头是岸》中扮演拳击手洛基·葛瑞加诺。洛基在暴力和犯罪环境中长大，最终成为一名赫赫有名的重量级拳击手。这部电影引起了观众和电影评论界的共鸣，保罗一夜成名并获得“年度新秀”奖。他成了如此耀眼的明星，以至于当导演伊利亚·卡赞邀请他出演百老汇的演出《浓爱痴情》时，不得不想办法削弱他的光芒，导演要求他将头发染成可怕的红色，并且禁止其他演员在排练期间与他交谈。

保罗在电影中扮演了一个年轻的反叛者，却有很强的国家意识。

他通常选择扮演不完美的人物，或是获得二次机会的失败者。比如他在电影《大审判》（1982）中扮演一名穷困潦倒，但是获得重审医疗事故案件机会的酗酒律师，这个角色令人印象深刻。又如他在电影《江湖浪子》（1961）中扮演了一个自大的台球运动员。还有一个例子是他在电影《原野铁汉》（1963）中扮演的一个得克萨斯州的无情的、死板的农民角色。

1957年，保罗受邀参演电影《夏日春情》，在演出中遇到了真命天女——女演员乔安娜·伍德沃德。这部电影讲述的是一个刚来到小镇的新人让一个当地家庭出现冲突的故事。两人在电影拍摄结束后结婚，这是保罗的第二次婚姻，他们成为好莱坞感情最稳定的夫妇。他们过着童话故事般快乐的生活，直至保罗·纽曼去世。

当被问及一个男人如何能够抵抗诱惑并且只对一个女人忠诚时，他曾经回答："家里有牛排的时候为什么要出去吃汉堡？"

在与乔安娜·伍德沃德结婚后，他继续严格锻炼自己的演技，甚至开始在演艺方面给妻子指导。他们一起出演的首部电影是《巧妇怨》(1968)，讲述了关于一位与母亲住在一起的孤独的女老师，努力寻找梦中情人的故事。这部电影非常成功，获得了4项奥斯卡提名，促使两人又合作拍摄了另外3部电影和电视剧：一部是《伽马射线效应》(1972)，关于一位单身母亲努力抚养自己两个女儿的家庭剧；一部是《玻璃动物园》(1987)，讲述了一个母亲和她两个患有自闭症的青少年孩子，被丈夫抛弃后，虽然活得很挣扎，但她仍试图保持自尊心；还有一部名为《影子盒》的电视剧(1980)。

20世纪60年代是保罗·纽曼个人事业的辉煌时期。他有足够的信心反抗好莱坞制片人对影片制作行业的垄断和控制。他与演员史蒂夫·麦奎因、西德尼·波蒂埃和芭芭拉·史翠珊一起，建立了第一个由演员创立的制作公司。甚至他扮演的角色也反映了当时处于巅峰时期的逆反文化。在大片《铁窗喋血》(1967)中，他扮演了一个囚犯，他是监狱中伙伴们的希望和生存的榜样。而他演艺事业的巅峰是电影《虎豹小霸王》(1969)。保罗第一次与罗伯特·雷德福一起出演西部电影，这部影片描绘了违反法律的年轻英俊的野人变成了令人崇拜的文化偶像，最终他们以暴力方式结束了他们的生活。这恰好与当时的电影潮流相吻合。保罗和罗伯特·雷德福在电影《骗中骗》(1973)中再次合作，这是一部关于美国经济危机为背景的喜剧。这部电影获得了7项奥斯卡奖，但其中没有一项是授予保罗的。直到1987年，他凭借与汤姆·克鲁斯合作的电影《金钱本色》，终于赢得了奥斯卡小金人。这部电影是关于一个年老的专业台球选手，想要训练一个继承人并传授他如何在台球赌博中赚取数十亿美元的故事。保罗·纽曼曾10次提名奥斯卡，却都遗憾错过，这次终于拿到了。

人们提及保罗·纽曼，就不得不提到他的一些最著名的电影。在这些电影中他扮演了各种各样的角色，使他获得了“好莱坞巨星”的称号。在惊悚片导演阿尔弗雷德·希区柯克的《冲破铁幕》(1966)中，保罗终止了一个民主德国间谍的作恶行为；约翰·休斯顿的电影《夺命判官》(1972)讲述了一个罪犯在西部一个文明边陲的小镇上自行建立法令系统，并成为镇上最新的执法先锋的故事。这是保罗塑造的最辉煌的角色之一。

此外，在罗伯特·奥特曼的电影《水牛比尔和印第安人》(1976)中，保罗扮演了传奇的西部英雄的角色。西德尼·波拉克执导的《没有恶意》(1981)讲述了一位无辜的公民试图匿名揭发腐败问题。在科恩兄弟的电影《金钱帝国》(1994)中，保罗扮演了一个操纵公司的总裁。

这么多年来，保罗希望人们把他当作一个承担着自身责任的严肃演员，而不只是一个有着湛蓝眼睛和俊美脸庞的超级巨星。

《出埃及记》

保罗凭借电影《出埃及记》，在以色列人民的心中占有一席之地。这部电影的上映将1960年转变成了动荡之年。这部电影以美国作家莱昂·尤里斯的畅销小说为基础，讲述了英勇的犹太人在大屠杀和纳粹死亡集中营中得以幸存，他们费尽千辛万苦来到以色列，并建立以色列国的奋斗过程。这部电影用一种温暖并且极具好莱坞风格的方式将故事轻快地叙述出来。浑身散发着美国男子气概的保罗出演电影中的以色列英雄阿里本·迦南。同其他经典电影一样，纽曼以他帅气的身姿、英雄的气概和特殊的气质相结合的形象出演了正义的“新希伯来”，为获得自由顽强地抵抗着英国人和阿拉伯人。

但历史同样具有戏剧性。在以色列和塞浦路斯拍摄电影时，时任以色列总理大卫·本·古里安宣布了一则轰动的消息：逮捕“二战”期间负责研究纳粹杀人机器的德国官员阿道夫·希尔曼。紧接着，莱昂·尤里斯的原著被翻译成了50多种语言，有关阿道夫的试验以收音机播放和电影出现前的电影日志形式，在以色列的街头巷尾传播着。因为保罗的名气，给以色列在全球范围内带来良好的公共外交关系。在经历独立战争之后，以色列迫切需要树立正面形象。而在宣布建国之后，以色列的正面形象便突然间树立了起来，吸引来自世界各地的移民，一同发展经济和维护社会的稳定。

作为第一位意识到宣传重要性的人，尽管书中对历史事实的描述有些调整，也有一些描述不太准确，大卫·本·古里安还是抽出时间与作者莱昂·尤里斯会面，告知他已经阅读了这本书，并试图说服他移民以色列并写一本关于阿道夫被捕的书。当然，莱昂很礼貌地拒绝了这项成为特需作家的提议，但大卫在会面结束后提到他时说道："他是一个好人，我十分欣赏他，对于选择不在以色列定居，他有着许多有趣的原因。我仍会努力试图说服他，谁知道会是什么结果呢？他将帮我们撰写另外一本很重要的书。我们应该拥有一个穷人版的海明威。众所周知，他的写作风格像海明威，但我还听说，在喝酒这件事上，他也有点像海明威。"

出人意料的是，通常遇到电影院就退避三舍的总理大卫·本·古里安，出席观看了《出埃及记》这一电影，他的出席使这部电影在整个以色列境内火了起来。

电影《出埃及记》是一部使人觉醒的电影，使得身处美国的犹太人在以色列"六日战争"（第三次中东战争）前后的困境中坚定地支持以色列。在苏联，这部电影成为很多犹太人的小众电影，尤其是那些文艺复兴的成员，他们都加入移民以色列的斗争之中。而在以色列，这部电影所产生的共鸣使得1964年被视作大屠杀幸存者非法移民到以色列的一年，事实上，这与历史事件没有真正的联系。在每次为以色列建国而举行的独立庆祝活动中，以色列都会定期放映电影《出埃及记》，并以此为自豪。

这部史诗电影的总时长为三个半小时，影片的制作为当地年轻的电影产业带来了荣光。犹太导演奥托·普雷明格聘请了一些以色列演员，其中包括丹·本·阿莫兹、希穆利克·西格尔和歌手埃丝特·奥法里姆，他们与著名的好莱坞演员并肩作战。制作团队中也有一些以色列成员，其中最著名的是场地布置和灯光设计师阿尔农·阿达，他同时也是电影艺术总监。《出埃及记》给参与制作的以色列人提供一个多方面的学习平台，他们在影片拍摄时所获取的专业知识，被运用于他们之后的电影制作当中。

《出埃及记》这部电影成为以色列的世界使者，让世界更了解犹太人，这很大程度上得益于参与演出的保罗·纽曼，因为他是一名深受观众喜爱的演员。

电影评论家和历史学家评论道：保罗·纽曼在电影中扮演阿里本·迦南的英雄角色，向世界展示了新犹太人的神话，这与熟悉的流亡的犹太人截然不同。莱昂·尤里斯撰写的情节中包含了几个具有虚构情节线的历史事件："出埃及号"船上载有611位在大屠杀中幸存的非法移民，他们与拒绝让他们到达以色列海岸的英国人作战。英国人威胁他们要登上这艘船并接管它，而这些非法移民则开始绝食抗议。保罗·纽曼出演的船长阿里本·迦南恐吓英国人要炸掉这艘船，最终迫使英国人屈服。

电影的第二部分发生在以色列，在英国托管的最后几个月里，一个犹太的地下组织，试图加快摆脱英国人的托管，IZL（国家军事组织）炸毁了居住着许多英国人的、位于耶路撒冷的大卫王酒店。阿里本·迦南的弟弟阿克法被逮捕并在阿克力被判处绞刑。阿里本·迦南试图解救他弟弟，但阿克法在这一过程中死去，阿里本也身负重伤。他逃到了一个阿拉伯村庄里，在童年朋友塔哈家中避难。

电影的第三部分，发生在联合国决议将以色列划分为犹太和阿拉伯两个国家之后。阿拉伯人拒绝接受这一结果并决定发起战争。阿里本·迦南设法把孩子们从阿拉伯人将要袭击的聚集地中营救出去。当然，影片中不能缺少好莱坞风格的爱情与和平的故事。大屠杀幸存者凯伦爱上了一个来自基布兹的男生，一次偶然的机会，她发现了阿拉伯人的埋伏并被杀害。

阿里本的童年朋友塔哈也因与犹太人合作而被谋杀。塔哈和凯伦由于在同一时间被杀害，因此两人被葬在一起，阿里本·迦南在他们的坟墓前发誓：有一天，阿拉伯人和犹太人将和平共处。

慈 善 事 业

除了辉煌的电影生涯，保罗·纽曼还花费了大量的时间和金钱，投身慈善事业和公共活动。他是美国民权运动的发言人之一，给为黑人权利而战的马丁·路德·金捐赠，与著名演员马龙·白兰度一起举行了反对种族主义——三 K 党的公开运动。

1978 年，保罗的儿子斯科特因药物过量死亡，保罗和第二任妻子乔安娜以他的儿子斯科特·纽曼的名义建立了一个康复中心。

自从 1988 年保罗·纽曼为癌症儿童创办墙上的洞洞营地慈善机构以来，他总是不遗余力地捐助善款、做善事。保罗善举的受益人之一墙上的洞洞营地，是一个专门为阿什弗德和伊斯特弗德两地患有重病儿童设立的生活夏令营，让患儿也有机会像健康孩子一样体验精彩的户外活动。1995 年，纽曼的大学同窗菲·卡帕·图把这项慈善事业发扬光大，推广到全美乃至爱尔兰、法国和以色列等地，洞洞营地每年可接纳 13 000 名孩子入营，而且费用全免。

迄今为止，纽曼与纽曼个人基金会向世界各地的慈善组织捐款达 2.5 亿多美元，受益面涵盖了教育、艺术到飓风救济等多个领域。

据联邦报税机构证明，2006 年他就为许多遭遇墨西哥湾岸区飓风的孩子捐助了 800 多万美金，除此以外，保罗还多次向各种与孩子有关的慈善机构捐款。

为了表彰保罗多年来与人为善、乐善好施的公益心，1992 年他还获得了肯尼迪中心颁发的总统勋章。

保罗还以另一种方式为慈善事业做出贡献。1980 年，圣诞节前夕，保罗·纽曼突发奇想，决定亲手调制一批色拉调味品，作为礼物送给朋友们，那个时候的食品市场里的调味品大都含防腐剂和人工味精，他更喜欢橄榄油、芥末、红葡萄酒，有的时候还会加一些大蒜和洋葱。仅用了一个晚上的时间，保罗就把要送给朋友的调味品做完了，把它们放入一个大桶中时，突然灵机一动：为什么不能把这些调味品用瓶子装好，卖到一些商场呢？1982年9月，保罗对《纽约时报》的美食评论家米米·谢拉顿说："我之所以决定走进调味品工业，是因为我突然意识到自己需要一种完全不同的动力之源。"

保罗·纽曼对食物酱汁的要求很高，甚至到外面的知名餐厅用餐，他还是觉得自己做的酱汁最棒，还会跑到厨房里跟对方要材料来调配自己的酱汁，所以他们决定自创品牌来卖这么棒的色拉酱。一开始照例他们去找营销顾问公司，对方告诉他们要花100多万美元来做市场调查跟分析。听完之后他们决定花40美元找邻居朋友来试吃就够了。

他建立了一个烹饪公司，是一家叫"纽曼私传"的食品集团，主要生产独门配方的色拉酱与意大利面酱，在市场上大受欢迎。这家食品集团每年捐出所有利润与权利金，来年再向银行贷款以维持营运，如此周而复始。

公司成立的头两年，卖出了1 800多万个带有演员肖像的沙拉酱瓶和800多万罐意大利面酱。他将所有收入都捐给了慈善机构。后来，他就把自己制作沙拉调味品和曲奇饼的公司的全部收益，总价值高达1.2亿美元，捐献给了慈善机构。

现在美国的麦当劳也用他们的色拉酱来当标准配料。保罗·纽曼还是保持一贯的赤子之心，把做生意当成娱乐。他们曾经推出家族私传的柠檬汁，当时保罗·纽曼还对外宣称喝了它可以恢复童贞。就是用这些不按常理出牌的方法，保罗·纽曼越来越成功，同时他还保持着对生活的热情和快乐。

在美国生活过的人，都知道超级市场里有一个酱汁的著名品牌叫“纽曼私房酱汁”。上面有保罗·纽曼的大头画像，产品从意大利面酱、色拉酱到烤肉酱都有。很多人都知道这是艺人自创品牌的成功范例。

保罗·纽曼自嘲：

“当你在沙拉酱瓶子上看到自己的面孔时，很难再把自己当回事。”

“让人尴尬的是，印有我头像的沙拉酱，销售所得比我电影的票房要多。”

杰瑞·刘易斯

Jerry Lewis

7 /

杰瑞 · 刘易斯：
世界上最伟大的喜剧演员

杰瑞·刘易斯（Jerry Lewis）主演的40部电影，每一部都让观众笑得前仰后合。法国人称他为喜剧天才，并授予他法国军团荣誉勋章。但是，美国的评论家们就没那么友好了，他们甚至讥讽他为“幼稚的小丑”。几十年来，他是文化之都法国与浅薄美国之间文化战争的中心标志。直到他去世后，双方都进行了一些自我反省，并达成了共识——他是美国电影史上最伟大的喜剧演员。

英国戏剧评论家肯尼思·泰南评价道：“他是一位史无前例的滑稽大师，前无古人，后无来者。”《纽约客》的理查德•布罗迪承认法国人或许是对的，他决定再次观看杰瑞的所有电影。美国已经错过了他的伟大。法国的诺尔人将杰瑞·刘易斯的才华和能力与著名的犹太小提琴家、艺术大师雅查·海菲兹进行了比较。法国一位著名影评人出版了一本名为《为什么法国人喜爱杰瑞·刘易斯》的书，书中对杰瑞的工作，导演的6部电视剧以及他的职业生涯作了描述，越来越多人反对认为杰瑞·刘易斯幼稚这一观点，这个观点是对美国人潜意识观念的揭示，这种潜意识带有一种近乎疯狂的怪诞性质。

突然间，每个人都发现了杰瑞·刘易斯扮丑和幼稚的面孔背后的机智，以及他在电影中创造的荒谬情境的寓意。批评者发现他实际上是一个无政府主义者。他疯狂的喜剧实际上是一种颠覆性的行为，揭示了美国这片富饶土地上的缺陷。他还在美国人面前摆了一面镜子。杰瑞·刘易斯1960年执导的首部电影《五福临门》很好地证明了这一点。这是一部疯狂的喜剧，杰瑞在其中扮演了两个角色，一个是沉默笨拙的侍者，另一个是古怪成功的电影明星。这一系列滑稽的情景，揭示了美国资产阶级滑稽可笑的面貌。除此之外，他还要面对黑帮、高尔夫球员和被宠坏的有钱女人。

杰瑞·刘易斯出生于一个从俄罗斯移民到美国的犹太家庭，他是闹剧之王。当你看到一个人漫无目的地走在街上，突然踩在香蕉皮上滑倒，摔断了腿。他疼得大叫，你忍不住大笑起来。这是他5岁时创作的第一部闹剧。

他的父亲丹尼尔·莱维奇是一位礼仪大师，也是一位杂耍艺人。他的艺名叫丹尼·刘易斯，他的表演结合了舞蹈、戏剧和单口喜剧。夏天的时候，他在纽约附近的犹太人娱乐场所演出，在那里用意第绪语表演，并播放犹太音乐。有一天，丹尼·刘易斯将他年幼的儿子加入他的表演中。两人的同台演出赢得了热烈的掌声。演出结束时，父亲低声对他说："杰瑞，鞠躬。"激动的杰瑞屈膝，但他的腿被绊了一下。直接从舞台上摔下来，舞台灯光爆炸了。观众都认为这是事先计划好的闹剧，他们捧腹大笑，在座位上滚来滚去，激动地鼓掌。杰瑞这才回过神来说："我第一次收获了观众们的笑声。"

在15岁的时候，杰瑞·刘易斯意外地引发了另一次爆炸，这次是在学校物理实验室的一次失败的实验中。愤怒的校长叫他到办公室，严厉地斥责他，叫他"蠢犹太人"。震惊的杰瑞没有迟疑，他打了校长一耳光，之后再也没有回到学校。

接着杰瑞在一家酒店工作，为观众演出，他下决心要从事喜剧演员的职业。一次，杰瑞播放一张著名歌手的唱片时，模仿了歌手的动作和表演风格，这次表演也为他赢得了观众的掌声。但他的父亲，已经是娱乐圈的一员，遭受了许多挫折，试图阻止他进入娱乐圈，甚至解雇了他。杰瑞当然没有放弃。16岁时，他开始在任何愿意雇用他的俱乐部演出。每场演出收入11美元。

在一次演出中，杰瑞·刘易斯遇到了他口中"我见过的最漂亮的男人"——演员兼歌手迪恩·马丁，当晚他也在夜总会表演。两人之间的友谊开启了两人的职业生涯，但在此之前，两人的事业都没有成功。迪恩·马丁在他20岁生日的时候为杰瑞献上了一首歌，在他表演的过程中，杰瑞站在他身后开始模仿他，在他的鼻子旁边做剪刀的动作，暗示着迪恩·马丁做过整形手术。观众们笑得很开心，于是两人开始表演双簧，很快就获得了成功。

两个人之间形象的巨大反差深深地俘获了观众的心。

迪恩·马丁具有男子气概和迷人的举止，这一形象源于他的意大利血统。他唱着情歌，声音甜美诱人。而杰瑞·刘易斯像一只讨厌的蚊子一样把他团团围住，仿佛疯了一样。据推测，这两个人之间的合作演出导致了一些滑稽的场景，这些场景让观众们兴奋不已，促使电影公司邀请他们拍摄电影。

1949 年他们开始从舞台转战电影制片厂，这一过程并不顺利。杰瑞·刘易斯得到了一个戏剧性的角色，但他发现很难继续演下去。制片人通知他说他被解雇了，并决定只保留迪恩·马丁在电影里。杰瑞已经收拾好了自己的东西，要求再和制片人见一次面。“你给我的角色不合适，我要求见编剧。”事实也的确如此。杰瑞·刘易斯和编剧坐在一起，创造了一个新角色——迪恩·马丁的疯狂朋友。电影《我的朋友依尔玛》成为一部令人疯狂的大片。在那部电影之后，他们又创作了 15 部电影，这些电影都成为热门，他们连续 6 年蝉联世界票房冠军。与此同时，他们还收到了一档以赞助商牙膏公司的名字命名的电视节目“高露洁喜剧一小时”，在全美各地播出。当时电视刚刚起步，这个节目是一个新奇的节目，吸引了数百万观众。

1956 年，也就是他们事业的巅峰时刻，迪恩·马丁决定解散他们的合作关系。杰瑞在他们二人组中负责滑稽可笑的一面，但不知怎的却把迪恩的影响力全吸引走了。造成这个结果，电影制片人也有部分责任。当两人收到一部新电影的剧本时，迪恩·马丁发现他的第一次出场在剧本的第31页。于是两个人开始了争吵，这件事情以他们的解体和永远无法弥合的裂痕而告终。

大众都十分关注两人的解散。这不仅仅是喜剧演员之间的一场简单的争吵。杰瑞·刘易斯承认这是他一生中经历的最大的危机——一个关于爱与被抛弃的故事。人们提出了一系列问题，但没有一个明确的答案：杰瑞对迪恩·马丁的爱是否源于马丁的男性形象？这和他的自大有什么关系吗？他的自尊心被10年来最好的朋友击垮了吗？

无论如何，杰瑞·刘易斯回顾了他与迪恩·马丁的问题，1962年，他编导并主演了他的杰作《肥佬教授》。在电影中，他像往常一样扮演双重角色，讲述了一个卑微的化学家发明了一种神奇的药水，把他变成一个迷人的帅哥，一个讨女人喜欢的男人，就像迪恩·马丁一样。

正是从这里开始，喜剧中的错误始于人物内心斗争的高潮。与迪恩痛苦的分手并没有使杰瑞沮丧。他是个工作狂。多年来，他每年创作两部电影，并主演自己的电视剧。他因疲惫不止一次住院。他与导演弗兰克·塔什林的关系增强了他疯狂的幽默感，他甚至想要摧毁美国人眼里的神圣事物，并敢于尝试电影创新。他的无政府主义态度在电影中是随处可见的，包括在医院、百货公司等公共机构中，以及发生的一些社会现象中。1962 年，他创作了第一部出色的实验电影《猎艳高手》。故事发生在一所女子学校，所有的房间都暴露在镜头前，而杰瑞是学校里唯一的看门人。杰瑞创造的电影技巧是巨大的布景，学校的所有楼层和所有房间都对着摄像机开放，这样观众就可以同时看到每一层的每个房间里都在发生什么。结果，这部电影变成了一场疯狂的多帷幕电影，同时能看到不同房间里发生的事，重新定义并扩大了喜剧电影的边界。

影评人尤里・克莱因写道："杰瑞・刘易斯的一些电影具有实验性的特点。"在这部电影中，杰瑞证明了喜剧的力量可以打破电影想要创造的意境。这也是他广受法国新浪潮导演和其他现代导演推崇的原因之一。

在美国也有一些人相信他，这部电影的成功为他赢得了一笔 1 000 万美元的天价电影合约，以及自由创作电影的权利。从最初的想法开始，通过写剧本、拍摄、导演到最终制成电影都由他自己掌握。然后杰瑞发现了其中的问题。作为导演，他必须通过镜头看到拍摄的场景，但在演出时他无法监督拍摄的任务。那个时代，只有在实验室中开发出胶片后才能观看几天前拍摄的场景。

杰瑞绞尽脑汁地想出了一个解决办法。他连接了一个便携式摄像机，记录下了电影场景，然后他可以看着录像并研究拍摄的质量。美国摄影家协会授予他一个奖项，以表彰他的发明。这项发明极大地提高了拍摄质量并减轻了导演的负担。接着一部又一部电影获得成功，1972 年对杰瑞来说是充满危机的一年。他执导了一部名为《小丑那天哭了》的电影，讲的是一名在大屠杀期间被送往奥斯维辛的小丑的故事。德国纳粹在第二次世界大战期间在欧洲杀害了 600 万犹太人。拍摄这部电影后，他决定搁置这部电影并且永不放映。很多人不解，但他回答说："因为这是一部糟糕的电影。"极少数人很幸运地看过这部电影，他们都说这是一部基于真实故事改编的杰作，只是为了不让已经受过创伤的、幸存的犹太人再回忆那段历史，他没有让这部电影上映。

在拍摄一部电影时，一名演员向杰瑞谈起自己仅 10 个月大就死于 ALS（先天性肌萎缩侧索硬化症）的兄弟。杰瑞深受触动，开始关心这种疾病并关注那些病患者。后来，他组织建立了 ALS 组织，目的是给病人更多的关注。

杰瑞·刘易斯开始为病人组织募捐，这最终变成一个触动美国人心的大项目。每年,他都会主持一场长达 19 小时的现场义演，从"披头士"成员约翰•列侬到迈克尔·杰克逊，最优秀的艺术家们纷纷登台参演。这位"催人泪下"的人每年都能收获很高的评价。在此期间，捐款也源源不断，他筹得了 20 亿美元，用于帮助 ALS 患者。顺便说一句，名人法兰克·辛纳屈也在其中一个节目中出现，并将节目引入新的高潮。

为了"历史性的和解"，他邀请迪恩·马丁出现在节目中。当然，相机关闭的那一刻所谓的和解已经结束。1977 年，因为在

ALS 方面作出的贡献，杰瑞·刘易斯获得了诺贝尔和平奖的提名。1985 年，他获得了美国国防部颁发的杰出奖章，以表彰他的公共服务。2005 年,美国电视艺术与科学学院决定授予他“杰出奖章”,以表彰他每年的筹款广播节目。

加利福尼亚州立大学邀请杰瑞教授电影。天才导演斯蒂芬·斯皮尔伯格和乔治·卢卡斯也曾在这所大学授课。那时著名电影制片人伍迪·艾伦刚刚开始自己的职业生涯，他请杰瑞·刘易斯执导自己的第一部电影。幸运的是，由于时间紧迫，杰瑞拒绝了，伍迪·艾伦只好亲自导演了这部电影，这也让他开始了辉煌的职业生涯。

1983 年，著名导演马丁·斯科塞斯邀请杰瑞与著名演员罗伯特·德尼罗一起出演电影《喜剧之王》。三人见面讨论电影和剧本时，罗伯特·德尼罗忍不住问杰瑞:“当名人是什么感觉？”杰瑞说:“何出此言？你执导了这么多部成功的电影，自己也是一个名人啊！”罗伯特·德尼罗答道:“没错,可是你成名 50 年了呀！”

2017 年 8 月，杰瑞·刘易斯在美国西部的拉斯维加斯去世。

玛丽莲 · 梦露

Marilyn Monroe

8 /

玛丽莲·梦露：人间尤物的生死谜案

正是“总统先生，生日快乐”的祝酒词让美国人屏住了呼吸。数百万观众通过电视直播观看这个令人激动的时刻。性感女神玛丽莲·梦露（Marilyn Monroe）与美国总统约翰·肯尼迪亲密地站在一起。她用诱人的歌声向他歌唱，称赞他的工作和能力。

1962 年 5 月 19 日，这位英俊总统的 45 岁生日会在纽约麦迪逊广场花园举行。人们的目光紧紧地跟随着那个漂亮的金发女郎。她的歌声中还伴随着人们的窃窃私语，因为她的演唱足以证实总统和她之间长达一年的恋情传闻。

因为这些传言，玛丽莲还特意打电话给总统夫人杰奎琳，向她坦白了这段恋情——然后，她收到了这样的回复：“好吧，那我退出，把剩下所有的麻烦事都交给你。”肯尼迪总统走上讲台，他试图消除紧张气氛并与玛丽莲耳语。他带着征服性的微笑，“以如此甜美的方式”接受了所有歌词中的赞美之后，他便可以安静地退出政坛。

不到3个月后，1962年8月5日，人们发现玛丽莲因服药过量死在家中。初步的断言是：自杀，但很快就有人怀疑她的死因。

就像她的生命一样，一系列相互矛盾的事实和谣言使她的死亡成为一个谜团。这位性感女神的表演让人兴奋不已。她和第二任丈夫——传奇棒球运动员乔·迪马吉奥原定于3天后再婚，这与自杀倾向并不相符。

另外，联邦调查局的报告指出，她身边的人鼓励她假装自杀，从而唤起人们的同情和关注。得到人们的同情和关注是她这一生的渴望。那些人说将在最后一分钟拯救她，结果在最后关头他们决定让她死。

根据美国联邦调查局的调查显示，那些人在确认过总统不会离开他的夫人后，担心她与总统的关系公布于众会带来不利影响。同时，他们发现玛丽莲与时任司法部部长的罗伯特·肯尼迪也有过地下恋情。

这一份调查中还提到，电影演员，也就是总统的姐夫彼得·劳福德策划了这起阴谋，玛丽莲的精神病医生、公关人员和管家甚至是罗伯特·肯尼迪也参与了其中。

当然，所有涉案人员都否认与她的死亡有任何刑事关系，也没有任何法律依据。精神病医生作证说，在她死前，经历了几次精神崩溃，这迫使他开出比以往更高的药物剂量。她的死因仍然是个谜。

玛丽莲·梦露去世时 36 岁，16 年来，她一直是模特和享誉国际的电影明星。她是一个充满矛盾的性感象征。

1926 年，玛丽莲·梦露出生于美国洛杉矶，原名诺玛·简·倍珂。她以基督徒的身份长大，但以犹太人的身份死去。

玛丽莲·梦露从未见过父亲，而她的母亲患有精神病，她在孤儿院和寄养所长大。16 岁时，为了避免重返孤儿院，她嫁给了邻居家的儿子詹姆斯·吉姆·多尔蒂。

第二次世界大战期间，她在一家飞机制造工厂工作。模特经纪公司“蓝皮书”的摄影师大卫·科诺弗发现了这位漂亮的金发美女，他改变了她平凡的生活。他与她签约，她很快成为公司的大牌模特之一。

她的照片出现在数百本杂志的封面上。但是，诺玛有更大的野心，她想成为一名电影明星。通过了 20 世纪福克斯电影公司的试演后，她签下了一份为期 6 个月的合同，周薪为 75 美元。

此时，她选择离婚并改名为玛丽莲·梦露。在最初的几个月里，她虽然熟悉了这个行业的规则，但参加的前两部电影都不成功，福克斯公司决定不续签她的合同。

在做模特期间人脉关系的帮助下，她跳槽到了哥伦比亚电影公司，后来又回到福克斯，但她的事业没有进步。事业的戏剧性转折发生在 1953 年。她在电影《黑色尼亚加拉大瀑布》中饰演一个婚内出轨女人，与饱受折磨的丈夫一起去尼亚加拉瀑布度假，并在情人的帮助下密谋杀害他，但意外发生的事情阻碍了他们的计划。

观众和影评人都被她的美貌和银幕魅力所折服。他们十分欣赏玛丽莲在镜头前无拘无束的表演。从此，片约不断。与此同时，当她的一系列大胆的裸照被刊登在《花花公子》杂志的头版时，她的金发性感尤物的形象就被确立了下来。

当被问及拍摄时穿什么衣服时，她很自然地回答："香奈儿五号香水。"她像往常一样赤裸着身体以挑衅的姿态，在化妆师、美发师身边，在电影布景后走来走去。有传言说，她有一次接受记者采访时，只穿了一件貂皮大衣。一位表演教练用一本生理学的书来帮助她设计她的性感的走路姿态，走路时微微颤动臀部，再加上轻柔的耳语，加深了她在人们心中的性感形象，使她在好莱坞一举成名。

著名的电影历史学家托马斯·沙茨称，她的出现比女权主义革命早了 10 年。贪婪而好斗的电影制片人却不这么认为。为了获得更好的银幕角色，她被迫和他们发生关系。玛丽莲曾说，她在成为明星的过程中经常遭受性虐待，好莱坞在她的心里是一个只有床而没有马的旋转木马。

在迷人的银幕形象背后，玛丽莲·梦露是一个脆弱的女人，她迫切地需要爱，而不仅仅满足于成为性感偶像。为了证明自己的演艺实力，她在体育训练、舞蹈和戏剧方面都投入了大量的时间。她始终在与“愚蠢的金发”形象做斗争。

然而这并不是一件简单的事，曾经有一个关于玛丽莲·梦露的讽刺笑话：玛丽莲遇到伟大的科学家阿尔伯特·爱因斯坦，并和他一起共进晚餐。席间玛丽莲对爱因斯坦说道：“我们俩生个孩子，孩子的长相像我、头脑像你，那该多完美。”爱因斯坦答道：“如果孩子的长相像我，头脑像你怎么办？”

在整个20世纪50年代，玛丽莲·梦露在国际影坛成为一种象征、一种神话。那时她已经出演了29部电影。1953年，她在喜剧《绅士爱美人》中与女演员简·拉塞尔合作，征服了荧屏。电影中，两人当时在一家酒店的跨大西洋巡洋舰舞台上表演，希望能找到一个有钱的丈夫。

在电影《七年之痒》中，梦露扮演了另一个诱人的角色。一个纽约资产阶级男人的妻子独自去度假，此时，一个漂亮的金发女郎（梦露饰）搬进了男人楼上的公寓，这引发了他一系列的性幻想。电影中有一个场景深深印入人们的脑海中：梦露站在大街上的一个地铁通风口上，一列地铁从下面驶过，裙子飞起来，露出了她迷人的双腿。

这一幕于凌晨2点在地铁站里反复拍摄。每次地铁经过时，她的裙子都会飞起来，露出底裤，引发超过1 500人的欢呼。起初，人们的爱慕令她受宠若惊，但拍摄越多，摄影师就越关注她的底裤，她觉得自己被利用了。

在与乔·迪马吉奥的一年婚姻中，这一幕的拍摄成为压死骆驼的最后一根稻草。这位传奇的棒球运动员心怀嫉妒，他很难接受玛丽莲开放的行为和群众的关注。因为现场拍摄的时间延长，导致他怒气冲冲地离开了地铁站，两人发生了激烈的争吵，最终分道扬镳。玛丽莲总结道："我们各自的事业发生了冲突。"

1959 年上映的电影《热情似火》，被美国电影学院评为有史以来最搞笑的喜剧。这部全球大片中，玛丽莲与杰克·莱蒙和托尼·柯蒂斯这两位名人共同出演，展现出他们的喜剧才华。故事讲述了两位音乐家在芝加哥目睹谋杀后逃离黑手党的故事。他们男扮女装，加入了一个乘火车去听音乐会的女演唱团。在途中，他们都爱上了其中的一个女孩（玛丽莲饰），由此产生了大量的滑稽场景。

和往常一样，玛丽莲·梦露在片场的出现引起了不小的轰动。拍摄完这些镜头后，剧组人员围住了托尼·柯蒂斯，问他亲吻人间尤物是什么感觉。柯蒂斯愤怒地回答说："亲吻玛丽莲就像亲吻希特勒。"——这引起民众的震惊。后来他解释说："对于愚蠢的问题，会得到愚蠢的回答。"据他说，他天真地以为人们会领会其中的讽刺意味，但人们并没有理解他的回答，反倒是柯蒂斯表现得像个白痴。

1957 年，玛丽莲·梦露已经跻身国际巨星，她受邀在电影《歌舞青春》中与英国剧院王子劳伦斯·奥利维尔搭档。这部电影讲述了一位英国王子和一位美国女孩之间的爱情故事。奥利维尔身兼导演，他被玛丽莲的美貌迷住了。根据片场一些人的说法，他甚至试图热情地追求她。玛丽莲避开了他，也不敢再与他演对手戏。

拍摄时，玛丽莲总是迟到，注意力不集中，而片场的紧张气氛使奥利维尔紧张不安。后来电影上映了，原来玛丽莲以“爵士”的头衔抢了这位英国著名演员的风头。电影中，她迷人、随性，观众的眼睛都集中在她身上。相反，劳伦斯·奥利维尔看上去像个枯槁的老人。沮丧之下，劳伦斯·奥利维尔有7年没有导演过电影。

人们写了1 000多本书，拍了好几部电影，只为解开玛丽莲·梦露的生死之谜。通读她的信件和日记，我们会发现她性格不稳定,她看起来容光焕发,但又充满焦虑。她越培养自己的魅力，就越需要为自己的能力的提升而奋斗。每次危机都会向她发出挑战，等待她去征服。

在某种程度上，玛丽莲反对制片人强加给她的“无脑金发女郎”的角色。她“砰”的一声离开了好莱坞，进入著名的李·斯特拉斯伯格表演学院学习，那里是好莱坞最优秀的明星们学习的地方。斯特拉斯伯格成为她的好朋友，称她是他曾有幸共事过的最有才华的女演员之一，并鼓励她在个人生活中翻开新的一页。

1956年，玛丽莲·梦露嫁给了美国著名犹太戏剧作家阿瑟·米勒。在他的要求下，玛丽莲改信了犹太教。他们举行了两次婚礼：一次民式，一次宗教仪式。玛丽莲说：“我能认同犹太人，无论他们做什么，都有人在迫害他们。我也感同身受。”但那次婚姻给玛丽莲带来的悲伤多于幸福。她两次怀孕，但都无奈堕胎。作家阿瑟·米勒没有为家庭提供收入，玛丽莲是唯一养家糊口的人，阿瑟·米勒甚至还欠他第一任妻子的赡养费，这一切都影响着他们的夫妻关系。

1961 年，他们离婚了。不久，她的第二任丈夫乔·迪马吉奥离婚，又回到了她的身边。但她的精神状态急转直下，在精神病院住了 3 个星期，乔·迪马吉奥专心地陪在她身边。当她出院后，有关她与美国总统约翰·肯尼迪及其兄弟、司法部部长罗伯特·肯尼迪有染的传言开始浮出水面。这些传言一直伴随着她，直到人们发现她死在床上的那一天。

玛丽莲·梦露一生都希望有男人爱她，她也会全心全意地爱对方，遗憾的是这个男人她一生都没有遇到。作为一个性感女星，她心里全部都是致命的孤独，但是她却征服了世界上所有的男人。美国人说他们心里只有两个女人，一个是自由女神；另一个就是玛丽莲·梦露。

梅纳哈姆·戈兰

Menahem Golan

9 /

梅纳哈姆·戈兰：
从提比利亚到好莱坞的双程车

1985年，梅纳哈姆·戈兰（Menahem Golan）打破了好莱坞的传统，成为世界上最知名的独立电影制片人之一。梅纳哈姆和堂兄纽亚来自以色列北部的太巴列湖地区，他们俩共同建立了著名电影公司加纳公司，这是一家蓬勃发展的电影公司，全世界的电影明星都渴望能在这家公司工作。

他们俩曾经创下每年制作35部电影的纪录。公司旗下电影院的数目之多令人咋舌：以色列24家、荷兰49家、意大利53家、英国136家。甚至连伊丽莎白女王二世都曾为了出席他们电影的首映式而走出白金汉宫。

但在以色列，电影业的潮流引领者这一角色并不讨喜。人们表面上对他还是不屑一顾，在背后却兴高采烈地多次报道他。他也曾遇到困境，20 年前，他曾因为缺乏资金要求演员退回支票。

2014 年去世，享年 85 岁的以色列制片人兼导演梅纳哈姆·戈兰有着奇妙而传奇的一生。

梅纳哈姆是个典型的犹太人，他性格直爽，说话直接，在表达自己意见时喜欢用身体语言。他浑身上下似乎有用不完的能量，总是处于工作状态。他的母亲说，在他童年时，假设把他赶出门外，他也会通过窗户爬进来。电影是他一生挚爱。每次在从事制作一部电影的过程中，他总是会准备好 3~4 部其他即将拍摄的剧本。有一次，在拍摄中途预算耗尽，为了继续完成这部电影，他甚至抵押公寓、卖掉冰箱。

他的工作风格深受他性格外向、表达直接的影响。例如，每当有人询问他们当时正在拍摄什么时，工作人员会回答“我们在用肩膀制作电影”，这是因为，在回答这个问题时，每个人都在耸肩，因为没有人知道发生了什么。拍摄时，梅纳哈姆会一次又一次地浏览、更改和重写剧本。尽管如此，在他职业生涯里，他制作了 200 多部电影，自己执导了 44 部电影，并且有 4 部以色列电影入选奥斯卡最佳外语片。

梅纳哈姆凭借才华获得以色列奖、奥菲奖以及 8 次阿比鹿音乐奖。曾有以色列电影行业人士说过，他的巨大成就归功于他是三类不同电影的导演：相当于一个出色的导演、一个平凡的导演以及一个不合格的导演。事实上，梅纳哈姆集三者于一身。他对批评者的回答是这样的：“从本质上讲，我在生活里和电影中都是多愁善感的。我喜欢拍爱情故事、人物戏剧以及动作片。我没有其他想法。我只想创造一种会影响观众情感的体验，创造出让大众喜欢的电影。”

他拍摄的电影大多很热门。梅纳哈姆投入 100 万美元用于制作《美国最后一位处女》这部电影，这部电影使他获得了 1 400 万美元的票房收入。《纽约时报》曾刊登对电影《美国最后一位处女》的评论：这部电影没有观赏价值。这是一部浅薄粗暴地描述高中生活的喜剧，讲述的是在聚会上喝醉的高中女生，在朋友们正在笨手笨脚尝试进行性行为时，被拍下了照片。他拍摄的许多电影都是这样，电影评论家批评梅纳哈姆，梅纳哈姆很难过，但观众们会蜂拥而至。

很少有人知道，梅纳哈姆・戈兰是以色列国防军新成立时的空军飞行员课程的首批毕业生之一。在 1948 年 5 月 14 日以色列宣布独立后，独立战争一触即发，他在太巴列对抗入侵的阿拉伯士兵。20 岁时，他移居英国，在伦敦音乐与戏剧艺术学院进修，并获得荣誉学位。然后在老维克戏剧学院继续他的学业。

回到以色列后，他开始在国家哈比玛剧院担任导演，与当时最优秀的舞台导演一起工作。但习惯了随心所欲的梅纳哈姆依旧我行我素。他在 1954 年建立了一个名为蒂隆(Tilon)的儿童剧院。他对观众的品位有着独特的见解。他将一些世界闻名的经典童话搬到舞台上，其中包括《爱丽丝梦游仙境》《埃米尔和侦探们》《海蒂》和《汤姆叔叔的小屋》等。熟悉这些书籍的儿童都跑去剧院看自己心爱的英雄们。

他的戏剧很受欢迎，但它们只是梅纳哈姆职业生涯的一个临时阶段，这些都是为了他的梦想——制作电影作铺垫。他希望他制作的电影就像他青少年时期在太巴列电影院的放映室工作时看到的电影一样。长大后，他希望他拍摄的电影风格有新的元素：欧洲的新现实主义，它反映在破旧的生活条件下普通人的生活，新现实主义远离那新潮又复杂的事物。凭借着他自己独特的风格和勇气，他相信，这些电影也可以在以色列制作。

为了实现抱负，1960 年，他前往美国，在纽约大学学习电影制作。在那里他加入了一支由弗朗西斯·福特·科波拉和马丁·斯科塞斯等年轻导演组成的乐队，后来这支乐队在全世界都享有盛誉。他们与低预算制作之王罗杰·科尔曼合作，从此，梅纳哈姆被称作“流行电影的教皇”。

回到以色列后，他便进入了推土机般的工作模式。他创作的电影震惊了整个以色列的电影圈，帮助以色列传统电影摆脱了沉闷的意识形态负担，加入了开拓精神。他的电影创作背景基于移民社会、文化差异以及种族歧视等问题，还有美丽的地中海和沙滩边炙热的阳光。傲慢又自负的语言与平易普通的语言掺杂着。20 世纪 60 年代和 70 年代的以色列电影在梅纳哈姆的影响下得到了形式和精神塑造。他是第一个创造电影流行语言的人，同时以极快的速度制作电影并培训出新一代演员（从剧院借来的）、电影制片人、编辑和技术人员。为了实现这一目标，他还创办了自己的诺亚电影公司，公司以父亲的名字命名，并让堂兄诺亚参与处理财务问题。两人一起合作了 28 年。

梅纳哈姆的第一部电影《埃尔多拉多》成为未来电影的模板。影片讲述了一个年轻罪犯的故事，他在雅法的赌场中消磨时间，拼命地试图切断他与童年时期所遇到的罪犯和妓女的关系。然而，在改过自新的过程中人们对他充满了偏见和歧视。这部电影是在现实人物的生活地点拍摄的，拍罪犯的生活激发了编剧的灵感。拍摄时他们甚至临时雇用当地人出演。

《埃尔多拉多》收获了史无前例的票房，带动了其他 16 部电影全部热播。在这 16 部电影中，有些电影是梅纳哈姆执导的，有些电影的制片人是梅纳哈姆。这些电影讲述的都是关于普通人的生活。例如，《卡扎布兰》讲述的是以色列社会阶层的故事。情节围绕着一个摩洛哥血统的年轻人，他在一个贫困的移民社区长大，喜欢上一个出生于欧洲富裕家庭的女孩，想赢得她的芳心。

有一个事件曾引起轩然大波，梅纳哈姆也将它写入了电影里，那就是恩德培行动——拯救被劫持乌干达的人质。一支精锐的以色列国防军队伍使用大胆而复杂的计划突然降落在遥远的非洲土地上，试图控制一架被恐怖分子劫持的以色列飞机。梅纳哈姆凭借自己对观众的了解以及对动作电影的热爱，邀请众多明星演员迅速地拍好了《雷霆行动》。这部电影在以色列取得了巨大成功，在国外受到好评，获得了奥斯卡金像奖提名。这部电影还给梅纳哈姆带来了另外的收获：它激起了梅纳哈姆和他堂兄在国外试试运气的兴趣，实现他们想在国际上收获名望和财富的梦想。

“1978 年，我们一同来到纽约，睡在酒店的一间客房里，这也是我们失败的开始。”诺亚回忆道：“我们试图推销以色列电影，但没有成功。这些电影看上去毫无希望，但梅纳哈姆从未绝望过，也从不放弃，告诉我要相信自己。他说，‘诺亚，你会看到的。70 年代属于我们’。外面下着鹅毛大雪，天气很冷，但梅纳哈姆把我拖到时代广场去庆祝我们生活的 70 年代。”

“这是超现实的。但他是对的。我们意识到美国并不了解其他国家的事物，但依然能出售其他国家的电影。很多人来参加电影仪式但没有出售任何东西。所以我们对他们说：当你对人生感到迷茫时，就让我们试试吧”，诺亚说。他继续回忆道：如果成功了，我们将获得 25% 的利润。所以我们把他们的电影带到像戛纳这样的颁奖仪式上，我们两个都拼命努力。我们在每辆车上都贴上了手写的传单，因为我们没有钱打印。我们计划在一周内获得 2 500 万美元的利润，这对我们来说是个天文数字。并将我们获取的利润的 25% 用来购买了一家名为“加纳”的小型电影制作公司 51% 的股权，这家公司正陷于财务困境。此后两年里，我们把它变成一个电影帝国。

接下来，梅纳哈姆和堂兄开始制作忍者格斗、柔和的色情和动作片，例如“虎胆追凶”系列，由查尔斯·布朗森主演，在妻子和女儿遭到袭击后，开始报复这个腐败城市的故事。这部电影还开启了尚格·云顿、查克·诺里斯和史泰龙的职业生涯。他们拍摄的大部分电影质量都不高，电影上映时总要面对很多批评的声音，但却仍然让加纳公司赚个盆满钵满。

奇怪的是，当昆汀·塔伦蒂诺特意观察梅纳哈姆和他堂兄后，他发现，这二人震惊了好莱坞，使好莱坞摆脱了原来的扬扬得意的自我满足，将其暴露于新流派下，这其实也改变了美国电影。

“没有加纳公司，我的犯罪喜剧《低俗小说》，这部让我成名的电影，永远都不可能制作。”他说道。

梅纳哈姆和诺亚的合作关系有点不同寻常。公司的所有资金和资产都属于两者共同所有，并且在资金上对对方也十分信任。诺亚是营销人员，他的工作非常出色，而梅纳哈姆负责制作、指导电影的拍摄。当加纳在好莱坞成为家喻户晓的名字后，梅纳哈姆就开始聘用著名的导演制作高质量的电影。

“决定拍摄那些电影很大一部分原因来自我的个人想法，因为我钦佩伟大的导演，”梅纳哈姆曾经说过，“那时，我还一直在忙着为更多观众制作小型商业电影，突然之间我就能聘请最好的导演了。这无疑改变了大众对加纳公司的态度。”

因此，诸如约翰·卡萨维兹导演的代表作《爱的激流》、由佛朗哥·泽菲雷里执导的《无尽的爱》和让·吕克·戈达尔导演的《李尔王》等进入了梅纳哈姆的世界。除此之外，梅纳哈姆签下了凯瑟琳·赫本、尼克·诺尔特、罗伯特·米彻姆和法耶·杜纳韦等明星。但优质电影让公司陷入了经济危机。约翰·卡萨维兹拍摄的《爱的激流》，讲的是饱受生活困扰的兄弟姐妹们，他们回到一起生活并相互支持。这部影片评价很高，并赢得了金熊奖，但却让公司损失了数百万美元。而梅纳哈姆与戈达尔在拍摄《李尔王》时发生了激烈的争论，于是这部影片未被上映。

当诺亚试图阻止无止境的投资时，梅纳哈姆又继续在为下一部电影做准备。他支付了数百万美元用于失败的投资，并与餐巾纸公司签订合作合同，他坚信下一部电影将帮助他们回到正轨。但是在 1990 年，他们被迫出售债务缠身的公司，于是两人分道扬镳。虽然两人是和平分手，但新闻界对此事依旧津津乐道。

公司的破产使梅纳哈姆十分受伤，回到以色列后，他选择暂时离开电影世界。他回到剧院并执导了几部成功的音乐剧，其中包括《音乐之声》《希腊人左巴》和《侏儒怪》。在舞台项目拍摄的空余时间，他也成功执导了一些包括《心灵解锁》在内的精美电影，这部电影改编自约书亚的小说。《婚前协议》改编自著名讽刺作家埃弗赖姆·基雄编写的同名舞台剧。

2013 年 10 月，梅纳哈姆在雅法街头行走时突然摔倒，头部严重受伤。他被送进医院接受治疗，从那以后身体每况愈下。尽管如此，他还是重新制作了《埃尔多拉多》，这是他的处女作，也是使以色列电影行业改革的影片，这次是一部音乐片。他坐在轮椅上出席了首映式，观众们的掌声经久不息。

他生命的最后一年充满了甜蜜。他应邀和尤拉姆·格洛布斯参加了戛纳电影节，电影节上有一件专门为他准备的礼物——希拉·梅德利拍摄的纪录片《围棋男孩：加纳电影背后的故事》。

“每个走到梅纳哈姆身前的人都会与他握手，包括罗曼·波兰斯基、迈克·利等在内的每个人都认识他。他真切地感受到了这种爱，并且被深深地感动。”纽亚回忆道，“这与以色列的态度如此不同，在那儿没有这么多人支持我们。”电影放映结束后，每个人都站起来鼓掌，直到他走上舞台。梅纳哈姆原本坐在轮椅上，但他坚持走上舞台。他简单地说道：“我有一部新电影，任何想和我讨论这部电影的人都可以来找我，我就在这里。”

几周之后，梅纳哈姆便去世了。

梅纳哈姆的女儿，临床心理学家娜奥米·戈兰在父亲的葬礼上谴责以色列电影业的领导人，他们本应前来表达最后的敬意，因为其中不少人曾出现在梅纳哈姆制作的电影中，也因此过上了不错的生活。娜奥米说：“晚年的父亲过得很孤单。他不再像以前一样很容易便能拍出电影来，这里甚至没有人会和他打招呼。当他在好莱坞当导演，公司经营得风生水起的时候，人们很容易便能找到他。但是，一旦他落魄，没有人会给他鼓励。”

“他的最后一个朋友是病房里的另一个病人，他有时也会和别人玩玩大富翁游戏。有一次，那个病人和父亲开玩笑，给他一张 100 万美元的假支票，以便他可以在天堂建立他的下一个电影帝国。我对他说‘爸爸，这不是真的，这只是一个笑话’。但父亲很执着，他去世时，那张假支票还在衣服口袋里。”

伊丽莎白・泰勒

Elizabeth Taylor

10/

伊丽莎白·泰勒：“女王”伊丽莎白

作为好莱坞一颗闪亮的明星，伊丽莎白·泰勒（Elizabeth Taylor）的名字经常出现在新闻头条。除了迷人的美貌和标志性的紫罗兰色眼睛之外，她在生活中的有趣和精彩不亚于银幕角色，她的公关团队也大肆宣扬。

她的一生中拥有排成队的情人，7 任丈夫，结婚 8 次，经历过背叛、心碎、疾病、离婚，以及一年比一年更大和更闪亮的钻石。

在威廉·曼恩的传记《如何成为一名电影明星》中写道：身处好莱坞的伊丽莎白·泰勒是一名坚强、乐观、伟大的明星，她成功地在美国电影界占据一席之地。

伊丽莎白知道如何面对像路易斯·梅耶这样的大亨。路易斯是米高梅公司的老板，而在米高梅公司的时光使她成长为巨星。

在臭名昭著的行业潜规则中，她所获得的地位和影响力，以及她炫目的微笑所换来的帮助和支持，使她能够选择自己喜欢的导演，只演她喜欢的电影。尽管她的选择不一定是最好的，但她仍然获得了两项奥斯卡奖，并且获得了大众的认可。

英国女王伊丽莎白二世授予这位好莱坞女王大英帝国勋章，向全世界宣告伊丽莎白·泰勒是在伦敦出生的。比尔·克林顿总统向伊丽莎白·泰勒颁发总统公民奖章，以表彰她在对抗艾滋病和慈善事业方面所作的贡献。

作为迷人且戏剧性人物的一部分，伊丽莎白还引领了时尚潮流，其中一些是完全出人意料的。例如，她的烟嘴颜色必须与吃饭餐厅的桌布和衣服颜色相匹配。她热爱美食，并始终与她的体重作斗争。但是，麦斯说，她的生活方式并没有对形象产生负面影响；相反，她的慷慨事迹很多，不管是对朋友还是对慈善机构。

伊丽莎白的好友洛克·赫德森是五六十年代好莱坞最红的银幕小生，出演过许多浪漫喜剧，最终死于艾滋病。当时，艾滋病和同性恋在好莱坞是禁忌，但伊丽莎白仍然鼎力支持好友。她将大部分时间投身于建立国家艾滋病研究基金会，并在此后的几年里筹资超过 5 000 万美元。许多人认为，如果没有她的关注和随之而来的大量媒体报道，对艾滋病的抗争就不会有现在的成果。

在 20 世纪三四十年代，好莱坞出现了许多伟大的女明星，例如格洛丽亚·斯旺森、格雷塔·嘉宝、贝蒂·戴维斯和琼·克劳福德等。她们的影响力甚至超过同时期的男性同行。但到了 20

世纪 50 年代末，伊丽莎白·泰勒的出现让她们黯然失色。《埃及艳后》使她得到 100 万美元的片酬，她也是第一位拥有如此高酬劳的女演员。尽管受到罗马教会的威胁，约瑟夫·曼凯维奇还是成功地拍摄了这部关于埃及女王的电影。

因为《埃及艳后》的拍摄，她第一次见到了英国演员理查德·伯顿。两人间的火花瞬间被点燃了。他们之间充满了浓烈的情感和丑闻、背叛以及心碎，以及奢侈的生活和媒体聚焦。他们结婚，离婚，然后复婚。对于伊丽莎白来说，镜头前的生活和幕后的生活是一样的。

1932 年,伊丽莎白出生于伦敦汉普斯特德的一个美国人家庭。她的父亲是一名艺术品经销商，她的母亲曾经是一位演员，每当一家人回到美国，她母亲就会想办法把女儿推上舞台演出。她从小就被光环笼罩着。11 岁时，她已经在大片《灵犬莱西》中扮演了一个给牧羊犬自由的小女孩的角色，这只牧羊犬克服了无数困难，从苏格兰回到英格兰。

1944 年，伊丽莎白的母亲说服导演克拉伦斯·布朗，让伊丽莎白出演克拉伦斯·布朗执导的电影《玉女神驹》。在这部电影里，伊丽莎白扮演的是一个擅长驯马的英国女孩戚薇。电影里，戚薇在一个男孩的鼓励下，女扮男装参加英国马术比赛并一举夺冠。正是这个角色让她一炮而红，但也是因为这部电影，让她饱受伤病困扰。在拍摄一个场景时，她从马背上摔下来，背部受伤。她的背常年疼痛难忍，但并没有查出病因，这个角色也引发了一场奇怪的求婚。飞行员、电影制片人、发明家和商人等多种职业集一身的古怪大亨霍华德·休斯在观看这部电影后，派他的律师与伊丽莎白的父母见面，表明如果伊丽莎白愿意嫁给他，他就给他们提供6位数的彩礼钱。

年轻的伊丽莎白毫不犹豫地表达了自己的想法，礼貌地拒绝了这次求婚。她决定与希尔顿酒店继承人小康拉德·尼科尔森·希尔顿结婚。米高梅公司迫切希望伊丽莎白与希尔顿能结成连理，并将两人的婚姻作为电影《岳父大人》（1950）的炒作话题。在电影里，伊丽莎白扮演一个年轻的新娘，她的父亲在筹备婚礼时遇到了麻烦。但是，伊丽莎白这场真实的婚姻只持续了几个月，伊丽莎白声称希尔顿打了她，所以她决定离婚。

伊丽莎白的第二任丈夫是英国演员迈克尔·威尔丁。他比泰勒年长20岁，个性稳重，在伊丽莎白的生活里扮演着父亲的角色。他为伊丽莎白提供了有序的生活。他们生了两个儿子。但是，他却厌倦了伊丽莎白的眼泪。

伊丽莎白的第三任丈夫是犹太制片人迈克·托德。出于某种原因，她发现粗俗和有个性的托德很有吸引力，于是她欣然转向犹太教。他们也有了一个女儿。不幸的是，1958年，托德因为一次飞机失事而丧生。痛苦的伊丽莎白在另一位犹太歌手、青年偶像埃迪·费舍的怀抱中得到了安慰。

埃迪·费舍当时与“美国甜心”戴比·雷诺兹结婚不久，据说她还是泰勒最好的闺蜜。这一丑闻的爆发震惊了整个好莱坞。

后来伊丽莎白就像没事人一样出现在人们面前，但与此同时，她被爆出患有抑郁症。埃迪·费舍成为她的第四任丈夫。

伊丽莎白的第五任和第六任丈夫是同一个人——英国演员理查德·伯顿。他们的爱情开始于《埃及艳后》，当时伊丽莎白还是埃迪·费舍的妻子，查德也还是威廉姆斯的丈夫。这一绯闻的热度持久不息，娱乐记者们对此津津乐道。

在她的晚年时期，电影事业早已衰落，但她仍然保持着传奇地位并且还拥有了两次婚姻：参议员约翰·华纳使她在短时间内成为政治家的妻子，还有一位是比她小 20 岁的建筑工人拉里·福藤斯基。

回顾伊丽莎白的职业生涯，人们会发现一个令人惊讶的事实：她主演的电影总是碰巧与她当时结婚的对象类型相匹配。当她与希尔顿结婚时，她在电影里扮演年轻的妻子。当她与托德结婚时，她开始扮演更大胆的角色，比如《热铁皮屋顶上的猫》（1958），这是一部拍摄大胆的田纳西·威廉姆斯的戏剧，讲述了一位痛苦妻子的故事，她的同性恋丈夫拒绝同房。与埃迪·费舍分手后，她在《青楼艳妓》（1960）中扮演了一位曼哈顿应召女郎格丽娅·旺德劳斯，爱上了一个已婚男子的故事。这部电影为泰勒赢得了奥斯卡最佳女主角奖，但由于严重的肺炎，她差点错过了颁奖仪式。

在磕磕绊绊的婚姻中，她与查德共同出演了两部电影，其中包括《灵欲春宵》（1966），讲述了一位大学教授和妻子发生矛盾，互相撕下对方在公共场合戴的面具的故事。在他们的家中接待一对年轻夫妇时，两人在酒精的刺激下疯狂地相互讽刺。在电影中伊丽莎白因其表演极具戏剧性的深度，因此获得第二个奥斯卡奖。另一部电影《驯悍记》（1967），是与莎士比亚喜剧同名的另外一行色彩缤纷的版本。许多人认为这部电影就是伊丽莎白与伯顿关系的写照，也是他们在公共场合的一面镜子。这部电影为他们的绯闻提供了很多的素材。

1951年，伊丽莎白出演由乔治·史蒂文斯执导的《郎心似铁》。影片中，她扮演一位富家女孩，她的美丽和地位吸引了一位工人（由蒙哥马利·克利夫特扮演），并最终因为这段感情导致他的死亡。美国电影评论家安德鲁·萨里斯写道：伊丽莎白和蒙哥马利是银幕上最为合拍的情侣。

伊丽莎白和蒙哥马利很快成为密友。两人有多亲密呢？蒙哥马利是同性恋，但他曾经说伊丽莎白是唯一让他动过心的女人。一天晚上，蒙哥马利刚离开伊丽莎白在比弗利山庄举行的派对。这天晚上雾很浓，蒙哥马利开车撞到了电线杆。不久之后，也是刚离开伊丽莎白派对的演员凯文·麦克卡蒂发现了汽车残骸，转身回到伊丽莎白家寻求帮助，并与伊丽莎白一起回到了事故现场。伊丽莎白丝毫没有犹豫，她穿过血迹斑斑的玻璃碎片和撕裂的金属，找到蒙哥马利。他的脸已经被撞得面目全非，气管里留下了断牙。

但伊丽莎白保持理智：她将手指伸进蒙哥马利嘴里，取出破碎的牙齿，从而挽救了他的生命。她一直留在车祸现场，抱着他的头，直到救护车赶来。这次事故毁掉了蒙哥马利的英俊面容，他的职业生涯陷入了困境。他也因此沉迷于酒精和毒品，一年后伊丽莎白也意识到了这个问题（因此她会在贝蒂福特中心做几次康复治疗）。她竭尽所能地帮助蒙哥马利,并让他在自己身边工作。《夏日痴魂》（1959）里，伊丽莎白扮演另一个痛苦的女人，她的阿姨（凯瑟琳·赫本饰）希望在一个心地善良、富有同情心的精神病医生（蒙哥马利饰）的帮助下，切除她这个侄女的大脑。

1967 年，伊丽莎白坚持让蒙哥马利在约翰•休斯顿导演执导的电影《金色眼睛的映像》中扮演自己的丈夫，也就是一位受同性恋折磨的军官。伊丽莎白甚至宣布，她将放弃往常的高片酬以支付蒙哥马利参演所需的高额保险费。但事与愿违，46 岁的蒙哥马利在电影拍摄前去世，他的角色被另一位银幕传奇人物马龙·白兰度取代。

伊丽莎白·泰勒与流行音乐之王迈克尔·杰克逊的友谊非常深厚。在他被怀疑是恋童癖的那段时间里，她公开力挺他。当他因过量服用药物而被发现在家中死亡时，伊丽莎白发出了一个戏剧性的声明，听起来好像是伊丽莎白一部剧中的台词：“我的心……我的思绪……都被撕碎了。我全心全意地爱着迈克尔，我无法想象没有他的生活……至今，我仍然无法相信，我不想相信这个事实，不可能这样……我的生活感觉很空虚。我认为没有人知道我们之间有多么深厚的感情，这是我所知道的最纯粹的爱……我一直在看他给我的照片，上面写着‘给我的挚爱，亲爱的伊丽莎白，我永远爱你’。我也会永远地爱他。”

2006 年，伊丽莎白患有阿尔茨海默症的传言遍及全球。有些小报甚至说得更加夸张，说她已经失去意识、奄奄一息。

为了澄清谣言，伊丽莎白在劳拉·金主持的广受欢迎的脱口秀节目中客串嘉宾，并邀请记者和摄影师在停载游艇的码头旁与她见面。记者赶来时，伊丽莎白正坐在轮椅上。自从拍摄让她声名鹊起的《玉女神驹》之后，她的背一直深受伤病困扰。游艇驶入太平洋鲨鱼出没的水域，74 岁的伊丽莎白穿着连体泳衣，罩着一件白色 T 恤，场面令人惊艳。她走下轮椅，戴上氧气面罩潜入海中，然后钻进树脂玻璃笼内观察鲨鱼。半个小时后，略显疲惫但快乐的伊丽莎白冒出头来呼吸新鲜空气。后来，她告诉美国八卦专栏作家莉兹·史密斯，这是她一生中最兴奋的时刻。

那一年，她仍然坚持认为自己是一支不可忽视的力量，而且她也有一个聪明的商业头脑。她与凯西·爱尔兰、杰克和蒙蒂·阿布拉莫夫一起成立了“泰勒之家”珠宝公司。她还写了一本书，推广“我挚爱的珠宝”。此外，她创造了自己的香水品牌，比较有名的是 1987 年推出的“热情”（Passion）和 1991 年推出的“白钻石”（White Diamonds），她是第一个拥有自己香水品牌的明星。

2011 年，伊丽莎白在 4 个孩子的陪伴下因充血性心力衰竭去世，享年 79 岁。那一天，报纸的头条都是写着“传奇之死”“时代的终结”和“好莱坞魅力的最后幸存者”。与她的奢侈生活形成鲜明对比的是，她在洛杉矶公墓的简单葬礼，那里葬有她的父母，不远处还有她亲爱的朋友迈克尔·杰克逊。

去世后的几个月里，伊丽莎白仍然占据头条新闻，因为她收藏了很多令人难以置信的钻石。这些钻石估计价值 2 000 万英镑，在伦敦佳士得拍卖行举行的为期 3 天的盛会上亮相，之后在洛杉矶、迪拜、日内瓦、巴黎和中国香港地区展出，然后被收藏在纽约洛克菲勒广场。佳士得拍卖行董事长马克·波特称，这些钻石是他入行以来所见最大的私人收藏品。除了295件珠宝外，还有400件伊丽莎白的礼服出售，这些礼服当然出自香奈儿和范思哲等顶级女装设计师之手。在出演一个伟大角色时，伊丽莎白曾穿过一件范思哲的晚装夹克，这件夹克的售价为13 000英镑。此次拍卖还包括伊丽莎白自己的艺术收藏，其中包括梵高、雷诺阿和德加的艺术作品。

在所有珠宝中，有两件引起了特别的关注。第一个是拉帕雷格林纳珠，这是世界上最著名的珍珠之一，拥有500年的历史。在16世纪中期，西班牙国王菲利普二世选中这件梨形珍宝，并在西班牙王室传承下来。伊丽莎白的第五任丈夫理查德·伯顿在拍卖会上买了它。他委托卡地亚将这颗珍珠镶嵌在钻石、红宝石和珍珠制成的项链上。拍卖会上这件作品的价值在125万英镑到188万英镑之间。另一件也是理查德·伯顿于1986年以194 000英镑的价格竞买的33.19克拉钻戒。在佳士得，这颗钻戒的价值估计在1.57亿英镑至2.19亿英镑之间，理查德·伯顿购买的这些引人注目的珠宝，都是出于对伊丽莎白的深爱，他知道伊丽莎白值得拥有这一切。

而理查德·伯顿也得到了很好的回报。伊丽莎白·泰勒虽然结了8次婚，但是他们两个就相爱了22年。伊丽莎白房间放满了理查德·伯顿的照片。理查德·伯顿在去世前3天给伊丽莎白写了一封信，27年后伊丽莎白带着这封信入葬。她的心里从来没有忘记过理查德·伯顿。

伍迪·艾伦

Woody Allen

11/

伍迪·艾伦：来自布鲁克林的犹太人

在过去的50年里，伍迪·艾伦（Woody Allen）创作了44部电影。他的电影充满独特魅力，机智又幽默，电影内容是关于犹太人的愁绪和一些哲学思考以及关于死亡、爱情、性、生命意义的思想。他的职业生涯跌宕起伏，但他从没有停下脚步。他说了这句不同寻常的话，“制作电影并不难，但是制作好的电影很难。这就是为什么我一直在努力”。那些认识他的人说，只有死亡才会阻止他工作。

现在，84岁高龄的伍迪·艾伦仍然平均每年制作一部电影，而且影片质量都非常高，他的精力和智慧与50年前没有什么不同。

每天早上，他都穿着浴袍坐在床上，手里拿着一本黄色的便笺本，进行新的电影创作。然后转向他的打字机打印一个剧本，以他众所周知的快节奏进行导演和拍摄。只要是他当主演的电影，他都会监督剪辑过程。电影一旦上映，他立即拿起黄色便笺本，进行下一个创作。

当你想起伍迪·艾伦时，你会情不自禁地想到他搞笑的形象，就像他大部分电影中那样：有着黄色的像稻草一样的头发，戴着厚厚的框架眼镜。伍迪，一个另类的好莱坞电影制片人，几十年来他与好莱坞的商业娱乐电影背道而驰，他固执地创造着几乎风格不变的嘲讽和幽默的作品。

就像在他的电影中一样，生活中，伍迪每次接受采访时都说自己是无用的弱者。作为一个喜剧艺术家，幽默是他的主要武器，特别是自嘲。艾伦开过很多关于自己外表的玩笑。例如：

"我太丑了，以至于母亲在我出生后患上了孕吐。"

"因为我的身高，国际象棋俱乐部没有接受我。"

"我去医院看病，对医生说：医生，每天早上，当我看着镜子里的自己时，我会感到恶心。我是怎么了？医生回答：我不知道，但我可以告诉你，你的视力没有问题。"

1935 年，艾伦出生于纽约布鲁克林的一个犹太家庭。他的原名是艾伦·斯图尔特·康尼斯堡。大约 3 岁时，母亲带他去看沃尔特·迪斯尼的卡通电影《白雪公主》。这是一个关于白雪公主的德国传说，继母因为她的美丽想要杀了她，她躲到树林里七个小矮人家中避难。艾伦深深陷入了电影情节中。在这个时候，伍迪开始爱上了电影。

在高中时期，他展现了超强的扑克牌天赋，他将扑克牌的经验运用到了电影《独家新闻》中，这部电影讲述了美国的一个记者收到了关于连环杀手的独家消息。在调查过程中，她参加了一个魔术师的魔术表演，在密闭箱中她遇见了已一个离世的资深记者的鬼魂，并爱上了可能是杀手的英国贵族。

因为他的头发颜色，朋友们称他为“瑞德”（red 音译）。机智的艾伦用幽默的方式回应他们，这掩盖了他外表的缺陷。艾伦是这个团队的喜剧演员，一个活生生的笑话机器。15 岁时，他就开始写俏皮话谋生，以 200 美元的周薪为大卫·欧·阿尔伯公司提供笑话素材，再由该公司卖给新闻专栏作家。他觉得这个工作不够充实，于是改名伍迪·艾伦，开始为电视脱口秀和情景喜剧写笑话，尤其是为当时的锡德·西则电视剧团写剧本。3 年后，艾伦受邀为艾德·沙利文主持的著名节目《艾德沙利文秀》撰写幽默文稿。与此同时，他为著名节目《坦率的镜头》提供笑话和幽默文稿，甚至亲自出演了几集。

艾伦在幕后以“滑稽的犹太人”而闻名。幕后工作让他感到安心，因为不会被曝光。但是，他的经纪人要求他用自己的幽默素材成为一个喜剧演员，他开始不愿意，但最终他屈服了。

第一次演出期间，艾伦紧张不安。当人群欢呼时，他堵住了耳朵。这就是他神经质的、娱乐搞笑的电影形象形成的开始，与他本人野心勃勃、勤奋的性格截然相反。

在积累了喜剧演员和电视编剧的经验之后，伍迪的下一阶段是为整部喜剧电影写一个剧本。这部电影名为《风流绅士》，是由沃伦·比蒂主演的狂热浪漫喜剧，讲述了一位精神病患者和一群不正常的女病人之间的故事。伍迪·艾伦本人收到了一小部分内容，但在制作过程中，比蒂抱怨艾伦把所有好笑话留给了他自己，并在抄袭节目，于是制作中断。取而代之的是另一位名人彼得·塞勒斯，他加入的条件是：所有好笑话都是他的。从这次事件中，伍迪·艾伦学到了：他必须控制电影的各个阶段，无论是剧本、导演，还是演员和编辑。但是，哪个制片人会冒着风险投资一个从未导演过电影的喜剧艺术家?

幸运的是，1966 年 AIP 公司购买了一部日本惊悚片，想在美国电影院上映，但西方观众很难接受。由于花费 7 万美元购买了电影的版权，该公司的管理层提出了一个绝妙的想法：为电影录制新的音轨，将它变成一部喜剧。“滑稽的犹太人”自然成为承担这个任务的第一人选，他还表示：在原始电影中，日本间谍正在寻找一个重要的微型胶片。在伍迪·艾伦的版本中，他正在寻找制作鸡蛋沙拉的秘方!

1969 年，伍迪·艾伦终于圆梦，他作为编剧、导演和主演创作了第一部电影。喜剧片《傻瓜入狱记》讲述了一个走投无路的罪犯，不得不去抢劫银行，最后两次入狱。这部以纪录片形式制作的电影，描述了他学习演奏音乐的失败尝试以及与女性纠缠不清的关系。

观众们捧腹大笑，评论家对他称赞有加，制片人争相投资。艾伦开始了平均每年制作一部电影的频率。至 1975 年，他共创作了 5 部喜剧，这奠定了他机智诙谐的制片人和他笨拙搞笑的纽约人的电影形象。

这些电影都是滑稽剧，用一种幽默的肢体语言：轻轻的拍打，男人在香蕉皮上滑倒，或者将奶油馅饼盖在别人脸上。电影评论家艾萨·科奇勒斯写道，这个时期，伍迪·艾伦的独特风格已经初具雏形。这些以艾伦观点为基础的故事，由一连串快速的故事线和疯狂的想法组成，围绕某个主题开展一系列滑稽搞笑的故事。他写的 5 部喜剧就是很好的例子：

第一部喜剧片《傻瓜大闹香蕉城》讲述了一个想象中的南美国家的政变，一个神经质男子成为法西斯暴君。这部轻喜剧的放映伴随着一个丑闻，但这更加有助于它的宣传。教会抵制这部电影，因为电影中植入“新约圣经”卷烟的商业广告，影片中可以看到一位牧师高兴地抽着烟，向观众证明上帝也吸烟。

第二部喜剧《呆头鹅》是伍迪·艾伦的第一部舞台剧，这部剧在纽约百老汇大受欢迎，后来改编成了一部电影。这部电影讲述了一个被妻子抛弃的男人，被破坏了性自信，于是朋友们给他介绍了不同的陌生女人，试图让他摆脱困境。

在第三部喜剧《性爱宝典》中，伍迪·艾伦自由发挥着自己的想象力。这部电影根据大卫·鲁本的著作改编，分为 7 集。例如，性骚扰是什么？一个爱上一只羊的医生。在男性射精时会发生什么？一名男子在宇宙中心与一名女子发生性关系，当他准备高潮时，他的精子被描述为身穿白色制服的士兵，从飞机上空降到未知地带。

第四部喜剧《傻瓜大闹科学城》讲述了纽约一家健康食品店的老板迈尔斯，他被低温冷冻 200 年后又被一群反叛者解冻，这些反叛者希望推翻极权主义统治。迈尔斯设法逃到一位艺术家的家中，但发现很难适应机器人为人类服务的现代生活：性爱被自动售货机取代，香蕉的大小与汽车相当。电影中最有趣的场景之一是迈尔斯（伍迪·艾伦饰）与布丁搏斗。

第五部喜剧《爱与死》，改编自俄罗斯文学经典——托尔斯泰的作品《战争与和平》。战争以一种非常荒谬的方式进行。沙皇军队中一名笨手笨脚的士兵无法从鞘中拔出剑。这名士兵的色情狂女友愿意嫁给他，但前提是他必须戴着军功章回家。

1977 年，伍迪·艾伦与女演员黛安·基顿有过一年的恋情。这段恋情为他们两个主演的电影《安妮·霍尔》提供了话题。这部电影是伍迪·艾伦的喜剧代表作之一，也是有史以来最浪漫的喜剧之一。电影讲述了一位来自纽约的犹太喜剧演员和一位性格复杂的年轻女孩之间的爱恨情仇。在他著名的幽默中增加了严肃的个人情感的内容，以及关于什么是爱情的话题。

这部电影成了电影界的一个里程碑。艾伦在影片中融入分屏、字幕、动画等许多技术，后来被许多艺术家运用。黛安·基顿穿着男士西装和领带出现在电影中，立刻引领了女性时尚潮流。这部电影斩获 4 项奥斯卡奖，伍迪・艾伦一如既往地没有出席典礼。他和他的爵士乐队一起，在纽约的一家俱乐部演奏新奥尔良风格的单簧管。

此后，艾伦经历了一场惨败。他试图在电影《我心深处》中改变路线，这是一部缺乏幽默感、相当阴郁的心理剧，讲述了一位母亲在丈夫另寻新欢离开她后，对女儿们的毁灭性影响。这部电影票房很差。

一年后，艾伦凭借电影《曼哈顿》回归，这是一部浪漫喜剧，有着典型的艾伦风格，一位 40 岁男人和一位 17 岁少女约会，爱的却是他最好朋友的情妇。

还有一部惨败的电影，名字叫作《星尘往事》。影片讲述了一位著名导演在执导的过程中，处于精神崩溃的边缘，他的创作就像对他之前电影的回顾一样，灵感枯竭。

虽然这是一部关于名誉的诙谐而犀利的讽刺剧，但很多人都认为这部电影抄袭了意大利导演费里尼拍摄的电影《八部半》。当时著名的电影评论家宝琳・凯尔批判了这部电影并预测艾伦的导演生涯已经结束了。当然，凯尔的评论过于夸张。

在 80 年代，伍迪・艾伦已经确立了作为世界上最多样化的原创艺术家之一的地位，囊括了从喜剧到悲剧、怀旧剧和闹剧的一系列电影。正是这个时候，他遇到了女演员米娅・法罗，后者成为他 10 年的伴侣，也是 8 部电影的搭档。其中《汉娜姐妹》获得了奥斯卡奖最佳原创剧本，艾伦最喜欢的神话《开罗紫玫瑰》

获得了金球奖。

《汉娜姐妹》这部电影以爱情、背叛和关系危机为主题描绘了三姐妹之间错综复杂的关系。正如影评人所称赞的那样，这部电影反映了现实与电影以及电视、媒体和艺术表现之间的联系。

他和米娅·法罗有两个儿子，他们又收养了一个女儿。一个丑闻打破了他们平静的生活，同时也威胁到了他的电影生涯。米娅发现艾伦与他们的养女宋宜有不正当关系，他比宋宜大 35 岁。米娅还指责他对 7 岁的养女进行性虐待。艾伦否认了这一点，也没有证据证明他犯了这些罪，但媒体的大肆宣传使他失去了声誉和公众对他的崇拜。就像是落井下石一样，这对夫妇的最新电影《丈夫与妻子》上映了，这部电影讲述了一对夫妻，由于丈夫爱上了一个 20 岁的学生，导致关系破裂。

1997 年，在米娅·法罗爆出丑闻 5 年后，伍迪·艾伦与宋宜结婚。他继续以平均每年一部电影的频率制作电影，但只有部分电影获得成功。

艾伦面临着职业生涯中的一个低谷，这个低谷影响了他的一生。他被迫离开纽约曼哈顿，搬到了伦敦。他很难为他的电影找到出版方。但是，这个“人类发电机”从未放弃，并且接连着推出两部人气电影。《午夜巴塞罗那》是一部讲述两个美国女孩在巴塞罗那度假的爱情喜剧电影。尽管这两个女孩的性格各不相同，但她们都陷入爱情和背叛的泥潭。

2011 年，第二部浪漫喜剧《午夜巴黎》使他重新获得了观众的喜爱。在迷人的氛围和爵士乐配乐下，艾伦带着我们与其作家和传奇艺术家一起回到了20世纪20年代的巴黎。电影里梦幻般的情节主要集中在订婚的美国夫妇抵达巴黎后，一名有志成为作家的编剧，在街上漫步时遇见了作家海明威、画家萨尔瓦多·达利和艺术收藏家格特鲁德·斯坦。像凤凰涅槃一样，伍迪·艾伦的电影东山再起，获得了成功并创造了不菲的收入，此片获得奥斯卡最佳原创剧本奖和最佳导演奖提名。

如果不引用艾伦关于爱情、性、婚姻、生活、上帝和制作电影的意义等一些著名和诙谐的说法，就不可能结束伍迪·艾伦的精彩故事：

“我不相信有来世，但是为了以防万一，我总是自己更换内衣。”

“我常说，天才和我之间的障碍是我自己。”

“如果你想找一个有魅力、风趣、聪明、自信、性感、浪漫的男人，那就去电影里找吧。”

“为什么一个女人花10年时间来改变丈夫的习惯，然后抱怨他不是自己想嫁给的那个男人。”

“性爱就像玩‘桥牌’。如果你没有好搭档,最好有一只好手。”

“如果我的电影没有赚到钱，那我觉得我的选择是对的。”

“加州人不会乱丢垃圾，他们把垃圾都丢到电视节目里。”

“我认为要是能倒退的生活是最好的。你从死亡中复活，从养老院开始你的生活。慢慢地，你开始感觉好多了，直到他们把你赶出去。然后你拿着你的退休金去工作。

在你上班的第一天，你被朋友们拉进一个派对，他们送给你一只金表。工作 40 年之后退休。后来因为你从大学毕业，你又可以参加一个花天酒地的开放派对。然后你来到了小学，变成一个不需要负责任的孩子，最后变成一个婴儿。在生命的最后 9 个月你将会在母亲的子宫里度过，就像在一个水疗中心，最后你将会在一声巨响中结束自己的生命。

伍迪·艾伦的幽默感是纽约知识分子特有的机智幽默，所以他的作品受很多美国本土观众的喜爱，特别是知识分子。他的那种“内行人笑话”在非英语国家并不被理解，但是挑剔的法国人称他为“美国电影界唯一的知识分子”，也许能让我们看出他在电影界的真正地位。

芭芭拉·史翠珊

Barbra Streisand

12/

芭芭拉·史翠珊：
天籁之音

芭芭拉·史翠珊（Barbra Streisand），作为一名出类拔萃的女演员和世界上最成功的女歌手之一，这位犹太女星在娱乐界大放异彩，令所有人羡慕。她拥有5亿美元的银行存款、两个奢侈的庄园。那种绽放时会改变颜色的玫瑰，也以她的名字命名。她还在美国积极地投身于与以色列相关的公共政治事务。她本可以功成身退、安度晚年，但是75岁时，她仍然在设法吸引观众——那些愿意花几百美元，有时甚至几千美元来聆听她的天籁之音的人。

芭芭拉是一位国际化的文化偶像。2015年，美国总统巴拉克·奥巴马邀请她到白宫领取国会自由勋章。这是美国国会颁发的最高国会奖章之一（第二个是国会金质奖章），获奖理由是："为国家利益作出杰出贡献。”

奥巴马总统说：“她拥有犹太人张扬的特质，走上舞台，自由地出演任何角色。如果你拥有一项令人惊叹的才能，只有将它传递给全世界人民，才是真正有用的才能。”

同样源于犹太人的特质，尽管年事已高，在出席国会奖章颁发典礼时，芭芭拉大方地展示好身材——露出自己诱人的乳沟。此前不久，她身穿男性衬衫的照片刊登在大名鼎鼎的娱乐杂志的封面，大秀迷人长腿。

2013 年，她特意飞往以色列，为了加入一个大聚会，这个聚会是来自世界各地的知名人士，他们前来参加以色列总统西蒙·佩雷斯的 90 岁生日聚会。在总统的要求下，芭芭拉·史翠珊用希伯来语演唱一首《我们的父亲，我们的国王》，这首歌是在赎罪日快结束时犹太人朗诵的祈祷，包含大约 40 条恳求。她说：“这是我们对神的恳求，为了我们的孩子，结束战争和仇恨。”她的歌声在人们的心中引起了共鸣，佩雷斯总统从椅子上站起来，热情地拥抱着她说：“你的歌声使我沉醉。”

总统的称赞和奢侈的生活没有让芭芭拉忘记自己的使命，哪怕是她在纽约布鲁克林的每一个瞬间。她提醒自己，要抓住每一个机会。

1942 年，芭芭拉出生于一个移民自俄罗斯和波兰的犹太家庭。父亲伊曼·纽尔是一位教师，在她 14 个月大时因中风去世。母亲戴安娜是一个失意的歌手，不重视她。再婚之后，母亲的情绪变得更加糟糕，继父经常贬低她，叫她丑八怪。

14 岁时，芭芭拉内心充满期望，渴望在舞台上拥有一份事业。母亲希望她走另一条路。虽然母亲严厉地管教，虽然那时芭芭拉的魅力还不够吸引人，但是，芭芭拉已经下定决心，要在纽约百老汇的舞台上寻找伯乐。她成了戏院的招牌，开始定期出现在一个男士专用桑拿馆中，这是一个男同性恋的聚会场所，顾客做自己的事情时要求音乐伴奏，而这些人是芭芭拉的第一批粉丝。

在那些年代，尤其是 20 世纪五六十年代的美国，想在娱乐界享有一席之地是很难的，特别是对于女性。刚开始参与曼哈顿的歌舞表演时，芭芭拉经常受到嘲笑。他们嘲笑她穿的廉价服装，还有她轻微的斜视的问题，以及她典型的犹太人鼻子。多年后，略微弯曲的鼻尖，成为她的标志。她拒绝整形，担心整形会影响嗓音。只有当她开始歌唱时，她那嘹亮的歌喉才能征服每个人。她的声音有一种迷人而独特的特质，温柔而又充满力量。

芭芭拉闯入了人们的夜生活。在歌舞厅，她与插画师鲍勃·舒伦伯格成为密友。鲍勃教会了她穿衣打扮和化妆。通过鲍勃，她认识了德能，一个刚刚起步的喜剧演员。德能成为她的初恋，两人很快同居在一起。后来，她遇到了埃利奥特 · 古尔德，两人迈入婚姻殿堂。

芭芭拉参加了一场才艺表演，在同性恋社区酒吧的“线上”举行，并获得了第一名。主办方为她颁发了“晚上好”演出的入场券，“晚上好”是当时最著名的歌舞表演、制片人和导演们挖掘人才的地方。

她拥有超强的舞台表现力和极具磁性的嗓音，但大多数人却因为她太过平凡的外貌而犹豫是否选择她，制片人大卫·梅里克决定赌一把。芭芭拉在音乐剧“我可以批发给你”中饰演犹太秘书的小角色，从此一炮而红。

1963 年，对芭芭拉来说是至关重要的一年，那一年她 21 岁。鉴于她完美的演出，哥伦比亚唱片公司邀请她录制个人专辑。她的首张专辑以自己的名字命名，发行十分成功，她也因此获得两项格莱美奖。哥伦比亚唱片公司的经理们意识到，芭芭拉的前途不可限量。于是趁热打铁，又让她出了两张专辑，不出意料，这两张专辑的销量同样十分可观。

一年后，她受邀在音乐剧《滑稽女孩》中担任主角。这部音乐剧讲述了范妮·布里斯的故事，犹太人范妮身兼数职，她是演员也是歌手，并在 19 世纪二三十年代成为大明星，并且深受观众喜爱。芭芭拉出演的这部音乐剧取得了巨大成功，她也因此获得了奥斯卡奖。

26 岁的时候，芭芭拉被人们视作巨星，她的照片登上了当时最负盛名的两本杂志——《时代》和《生活》封面。再也没有人说她丑,取而代之的是用“奇怪”“独特的美感”这类词汇形容她。后来，她受邀导演《你好，多莉》，这个故事讲述了媒人多莉·利维为“半个百万富翁乞丐”霍拉斯·范德格勒寻找新娘的故事。

此后，她又在电影《我们的方式》中扮演主角，这是一部浪漫的戏剧，讲述的是一对夫妻的故事。她扮演一个崇尚马克思主义的犹太人，她的丈夫是一位富有而英俊的新教作家。通过他们的爱来审视那个时代的阶级变化和偏见。与她在电影中的作品相比，她还被告知她在戏剧界获得了特别的托尼奖。

1983 年，芭芭拉在职业生涯中又迈出了重要的一步。她担任电影《燕特尔》的编剧、导演和演员。这个故事是根据犹太作家伊扎克·巴什维斯·辛格的著作改编。主要讲述的是尽管受到宗教机构的限制，年轻的犹太女孩仍然渴望学习，为获得学习机会特意打扮成一个耶希瓦男孩的故事。凭借这次导演，芭芭拉获得了金球奖。

芭芭拉成名很快，但她也有缺点，她全身心地投入工作巩固地位。她控制欲很强，并给身边的人带来了威胁。如果她意识到一个演员可能会影响到她的星途，她便会试图压制该演员。出席活动时，如果对座位安排不满意，就必须马上更换。

她的粉丝们将这一行为称作“完美主义”，而其他人就没有这么善解人意了，在电视连续剧《南方公园》中，芭芭拉被描绘成一个威胁毁灭世界的怪物，最终被《治愈》的主唱罗伯特·史密斯击败。芭芭拉十分生气并回应道：“我已不再是原来的我，他们不需要再鼓励那来自布鲁克林的丑女孩。这些天，这个新闻像我的其他竞争对手一样攻击着我。”

但她和其他人完全不同，通过她的不懈努力，芭芭拉是唯一一位赢得美国娱乐业五大最负盛名奖项的女演员：两项奥斯卡奖、8 项格莱美奖、5 项艾美奖、金球奖和托尼奖。

芭芭拉是这个世界上最成功的歌手之一。她在美国售出了 7 150 万张专辑和在全球范围内售出了 1.45 亿张专辑。她在美国《公告牌》音乐杂志排行榜上创造了历史，连续 5 年排名第一。在这期间，她出演了 14 部电影和一些电视连续剧。

1975 年，芭芭拉与第一任丈夫离婚。与声名远扬的芭芭拉相比，她的丈夫在娱乐界中无人关注，她的成功使得夫妻离心。他们的孩子杰森·古尔德，既是歌手，也是演员。他仍在自己的职业道路上不懈努力着，芭芭拉在加拿大总理皮埃尔·特鲁多的怀抱中寻求安慰，在一年风流韵事之后，她嫁给了制片人和演员詹姆斯·布罗林。夫妻俩与他们养的小狗萨曼莎一起定居在好莱坞有名的马里布庄园中。芭芭拉以 1 200 万美元购买的这座梦幻庄园，占地面积约为 9.1 英亩，有 4 座建筑，周围环绕着修剪整齐的花园。庄园周边有 3 条人工河，还有一个景色优美的湖。庄园中央的桃子形建筑，包含 8 间卧室、11 间浴室。地下室有一排设计为类似商店的房间，芭芭拉在里面放置了她在世界各地旅行期间收集的服装和古董。在走廊尽头，有一家售卖糖果盒爆米花的电影院供客人使用。其他 3 个建筑物中，一个是谷仓，芭芭拉在谷仓里饲养许多小鸡；另一个是为庄园的工作人员建造的宿舍；还有一个是接待客人用的酒店。

远在加利福尼亚的棕榈泉，是她远离喧嚣、修身养性的好地方。她的家就建在山上，四周的美景令人叹为观止。庭院里不仅有一座宽敞的房子，还有整洁的花园和成片的棕榈树。这个梦幻般的幸福家庭由于她丈夫42岁的儿子杰斯·布洛林稍受影响。公众认为杰斯无家可归，甚至有人拍下杰斯翻捡垃圾的照片，杰斯身材高大、脾气古怪。母亲简·卡梅伦在一次车祸中丧生后，他继承了数百万遗产。他在16年内花光了整个信托基金，又被迫出售房子并搬进卡车，最终流落街头。“我们向他提供了帮助和支持”。他的父亲詹姆斯·布洛林被迫向媒体揭露这个故事。但多年来，他们父子二人关系一直十分糟糕，因为价值观念不同。由于隐私受到威胁，芭芭拉也不得不与媒体打交道。她起诉了一位名叫肯尼斯·阿德尔曼的摄影师，以侵犯隐私为由起诉他，并要求赔偿5 000万美元的巨额资金，因为他从空中拍摄了马里布庄园。但是，这起诉讼给她造成了很大的伤害。在她到达法院前，三四个人买下了这些照片，其中还有她的律师。当这场官司公开审判时，互联网上有大约50万的点击量，人们对这座豪宅十分好奇。这位摄影师声称他只拍摄了加利福尼亚海岸线消退的图片，而马里布庄园的位置恰好在那里，最终他胜诉。一名快报记者因此创造了一个新的概念：“史翠珊效应”——欲盖弥彰。

尽管生活已经十分富足，但芭芭拉从未停下过脚步。她积极投身于美国的公共和政治事业中。作为民主党支持者，她通过竞选和捐款的方式来帮助许多政治家。

在2017年1月举行的最后一次总统选举中，她力挺希拉里·克林顿，在电视节目中公开为她拉票。其中的一场节目让人印象深刻。她嘲笑了特朗普的一些言论，比如关于在美国和墨西哥之间修建隔离墙，之后她戏剧性地宣布："如果特朗普胜出，那我将迁居至加拿大或是澳大利亚。"

对芭芭拉来说，人权问题同样十分重要。她投入 1 600 万美元成立了一个基金会，对环境控制、反对歧视妇女和同性恋以及使各国解除核武器等领域提供帮助。

她同样也很重视以色列和他们的军队。1979 年，她活跃在美国希伯来大学支持者协会（希伯来大学之友），该协会为"摩萨德"筹集资金。5 年之后，通过她的捐款，希伯来大学建起了犹太科学大楼。这栋建筑以她父亲的名字伊曼 · 纽尔命名，而她父亲在她还是婴儿的时候就去世了，芭芭拉对他并没有真实的记忆。2013 年，希伯来大学决定授予芭芭拉哲学荣誉博士学位，她兴奋地在典礼上展现出她的独特魅力，并说："很小的时候，我去过耶路撒冷，我的童年生活十分传统，但我的性格又非常特立独行。我十分敬畏长辈，我也一直充满好奇心。当我了解到有关以色列妇女被歧视、'哭墙的妇女'被钢椅攻击，被迫坐在公共汽车后面的妇女，或者关于禁止妇女在公共仪式上唱歌时，我惴惴不安。面对这些问题，我们不能再保持沉默。"

2011 年，芭芭拉在美国西部洛杉矶演出，她在 1 200 名观众前表演。这是一次由以色列制片人哈姆·萨班策划组织的、以"以色列国防军之友"为主题的活动，观众来自以色列国防军筹备基金会。犹太女主角用天籁之声深深地触动了观众的内心，演出期间筹得基金 1 200 万美元。

2013 年，在特拉维夫的布卢姆菲尔德体育场上演了同样激动人心的表演，很多评论人说这次演出标志着她从布鲁克林开始的旅行落下帷幕，娱乐记者称之为“世纪巨作”。在 60 位音乐人的陪同下，芭芭拉在舞台上的一举一动都让粉丝们激动不已，她为粉丝们演唱了她的经典曲目。

芭芭拉用希伯来语祝酒，并向大家介绍了她的经纪人马蒂，“当我还是一个哇哇大哭的婴儿时，是她发现了我有一个强有力的肺部。”她描绘了在布鲁克林犹太社区生活的童年。她还吟唱了“今夜如何与众不同”，并以犹太人最传统的方式完成了对“生活”的祝酒。表演结束时，芭芭拉用天籁之音演唱了以色列国歌，这首歌触动了全世界数百万人。

阿诺恩·米尔坎

Arnon Milchan

13/

阿诺恩·米尔坎：制片大亨兼间谍

21 岁时，阿诺恩·米尔坎（Arnon Milchan）的父亲突然离世，为他留下了一家负债累累的肥料公司。葬礼还没有结束，他就收到了债权人的催债电话。米尔坎不得不投入公司的运营工作，赶走那些债权人。他说："在那个时候，我真想寻求哥哥的帮助。"而实际上，他并没有兄弟，只有一个妹妹。

出生在 1945 年的、今年 74 岁的阿诺恩在开启职业生涯时，自信十足、思维缜密。他是一个充满魅力的男人，总是会携带一种强大的气场。阿诺恩是好莱坞最出色的制片人之一，他参与制作了 100 多部电影，其中包括许多大片和奥斯卡获奖影片。他十分关注以色列政事，多年来与许多总理和部长私交甚密，比如西蒙·佩雷斯、阿里克·沙龙、埃胡德·奥尔默特和本杰明·内塔尼亚胡，这些人都是以色列离任和现任的总理。他就像一个“影子人”，也有一些好莱坞明星称他“007”。他曾在以色列科技领域的情报部门工作，并协助进口以色列迪莫纳核反应堆的重要配件。

在阿诺恩的努力下，曾经负债累累的肥料公司已经成功转型为与国际公司合作的化工公司。除此之外，他还为迪莫纳反应堆的秘密交易做掩护。多年后，他出售了这家公司，并获利 1 000 万美元。

1945 年，阿诺恩·米尔坎出生于以色列雷霍沃特的一个富裕家庭。年轻的他很早就已经有了政治意识，25 岁时他就向以色列工党捐款。工党由以色列第一位总理大卫·本 - 古里安和以色列总统西蒙·佩雷斯与摩西·达扬共同创立。西蒙·佩雷斯后来也成为以色列总理，摩西·达扬当时是国防军总参谋长，后来是神秘的国防部部长。“当我走在发生矛盾的摩西和西蒙中间时，我一直在努力试图缓和他们的矛盾。”阿诺恩说，然后摩西对西蒙说：“你知道吗？我真希望阿诺恩是财政部部长”。阿诺恩笑着说：“没问题，反正我也没有参加选举。”

媒体爆料此事后的第二天，阿诺恩受邀参加一个受欢迎的电台节目，主持人问阿诺恩对加入政界工作的看法。我回答道：“你看着我，我长得像一个每天早上 8 点就能出现在耶路撒冷，并且坚持 4 年的人吗？在任命之前，我就辞职了。”

阿诺恩的政治生涯很短暂，他不想身处政治或社会事务中。70 年代初的特拉维夫社交活动集中在以色列名人沙利拥有的“曼迪”俱乐部举行，工党人士经常会到访这里。阿诺恩后来成为沙利的合作伙伴，很自然地成为俱乐部的常客。某天晚上，俱乐部为深受人们喜欢的“狮子”乐队举办演唱会，乐队演唱了美国和欧洲的一些知名歌曲。音乐家哈伊姆·萨班是乐队经理。这就是未来的电影制片人阿诺恩和多年后成为美国著名电视制片人的哈伊姆·萨班之间友谊的开端。阿诺恩和哈伊姆·萨班都住在加利福尼亚的马里布，哈伊姆·萨班也是克林顿夫妇的好友。

工党的精神伴随着阿诺恩走进电影圈。他投资了许多电影，其中最著名的是《迪岑哥夫 99》。这部电影讲述了特拉维夫 3 个年轻人的故事。他们一起住在租来的公寓里，对城市的夜生活有着不同的体验。

从以色列到好莱坞，对于一个有如此远大抱负的人来说，这种转变是不可避免的。

在去美国的路上，他在英国停留了一段时间，想在自己的简历上增加一个伦敦大学的经济学学位。

起初，阿诺恩与著名导演马丁·斯科塞斯在好莱坞共事，在 1991 年，他与传媒大亨鲁珀特·默多克共同创办了“新摄政电影公司”。不久后，他成为著名制片人。如今，人们都将他视作好莱坞最出色的制片人之一，曾与好莱坞众多顶尖明星合作过。在西方名人云集的上流社会里，总有他的一席之地，那里有盛大的活动和受到全世界关注的红地毯。

通过以下获得国际好评的优秀电影，我们可以充分了解阿诺恩·米尔坎作为一个优秀制片人的才能。

《风月俏佳人》(1990)是一部浪漫喜剧片，由朱莉娅·罗伯茨和理查德·基尔主演，后来成为一部全球大片。在成功商人的恩宠下，朱莉娅扮演的妓女跻身上流社会。而理查德扮演的是一个看似冷酷刻板的商人，由于她发现了他人性另外的一面，他们成为夫妻。这是一个现代版的灰姑娘的故事，被继母虐待的女孩，遇到一个英俊的王子并成为他的妻子。

《史密斯夫妇》(2005)是一部动作喜剧片，由布拉德·皮特和安吉丽娜·朱莉主演。电影上映后不久，这两位演员也结成连理，得到了全世界的关注。电影讲述一对已婚夫妇，突然发现对方是杀手，妻子是一个犯罪组织的成员，与丈夫所在组织是竞争关系。

《玫瑰战争》(1989)是一部黑色喜剧片，由迈克尔·道格拉斯、凯瑟琳·特纳和丹尼·德维托主演，讲述的是一对富有的夫妇的婚姻破裂，在财产分配问题上产生了分歧。

《魔鬼代言人》(1997)是一部惊悚片，由阿尔·帕西诺和基努·里维斯主演。讲的是一位有前途、诚实的年轻律师收到了一份工作邀请，要去纽约的一家大律师事务所工作。老板弥尔顿是一个腐败的人，千方百计想带他进入纸醉金迷的生活。当律师发现老板是自己的父亲时，剧情就开始变复杂了。

《荒野猎人》(2015)是一部冒险传奇片，由莱昂纳多·迪卡普里奥主演。故事发生在1823年，描述了一个猎人的生存和复仇之旅。逃生过程中，他被一只灰熊袭击，也被逃离印第安人的朋友抛弃。这部电影获得了3项奥斯卡奖和3项金球奖。

阿诺恩·米尔坎的双重身份鲜为人知。曾有传言说他是一个军火商，而事实却在近几年才被爆出来。他的故事最终以他对以色列已故总统西蒙·佩雷斯的采访形式出版。

阿诺恩非常崇拜西蒙，并为一个儿子取名西蒙。佩雷斯欣赏阿诺恩的才华和能力，把他招进了以色列情报部门，从事科技领域的工作。他忙于被人熟知的商人和电影制作人的职业生涯，他的生活就像他拍摄过的特工电影一样精彩。西蒙当时担任国防部副部长，并为迪莫纳建立核反应堆做出了巨大努力。该办公室的安全官员本杰明·布隆伯格管理着像阿诺恩这样的商人。阿诺恩在世界各地建立了一些公司，并开设了秘密银行账户，为核反应堆的交易提供资金，后来又为其他国防行业提供资金。

阿诺恩·米尔坎公开的家族化工公司“米尔坎兄弟”是一家以色列的国际公司。这家公司掩盖了阿诺恩许多的秘密行动。其中一个最隐秘的是种族隔离时期阿诺恩在南非进行的活动，当时少数的白人统治着多数的黑人，这些行为遭到世界其他国家的抵制。根据世界各地的不同出版物显示，以色列在南非为迪莫纳核反应堆购买铀，并在南非对可携带核弹头的“杰里科”远程导弹进行了试验。作为交换，以色列在导弹发展方面给予了南非支持和指导。20 世纪 80 年代中期发生了一次事故，阿诺恩 · 米尔坎的名字被暴露了。美国海关揭露了一起设备走私案：这种设备兼具医疗工业和制造核武器两种功能。这批货物属于阿诺恩 · 米尔坎所有的"米尔坎兄弟"公司。公司 CEO（首席执行官）理查德·史密斯因此被捕入狱。阿诺恩接受了审讯，但最终没有对他提出起诉。也许是因为他打电话给西蒙 · 佩雷斯寻求了帮助。

阿诺恩在另一个场合谈到他在情报单位的活动时说："我从没有收取过任何报酬，我的行为是为了报效我的祖国——以色列。"

阿诺恩的净资产估计超过 50 亿美元。他的第二任妻子阿曼达 · 科策曾是一位世界排名第三的网球明星。他有 4 个孩子，尽管他的大部分生意都在美国，但他仍然是一个爱国者，只持有以色列护照，在赫兹利亚最富的地区赫兹利亚皮图阿以及拜特亚奈都有房产。他还是以色列电视台第十频道的股东之一。

阿诺恩为以色列组织了不少有名的活动，每次都有很多好莱坞顶级明星参加。

在以色列，他曾在自己家里接待国家元首，试图通过幕后操作在政党和对手之间进行斡旋。有趣的是，双方都在寻求他的帮助。多年来，阿诺恩·米尔坎一直与以色列的现任总理本杰明·内塔尼亚胡、之前的以色列总理阿里尔 · 沙龙以及部长西尔万 · 沙洛姆关系密切，他还曾经为西蒙 · 佩雷斯竞选总统精心策划。

他的身份还有：本杰明 · 内塔尼亚胡总理和反对派领袖伊扎

克·赫尔佐格就后者加入联合政府进行的漫长机密谈判的秘密伙伴。有一些谈判在他家举行，但最终没有获得成功。

他为以色列国家安全开展的最后一项行动得以公开：在海湾战争期间为以色列购买爱国者导弹的部分装置，以防御他国向以色列发射飞毛腿导弹。

贝特·迈德尔

Bette Midler

14/

贝特·迈德尔：
了不起的M小姐

2008年63岁时，贝特·迈德尔（Bette Midler）选择再次重塑自己。这位红头发的歌手兼演员在美国西部赌城拉斯维加斯签下了一份独家演出合同。她在奢华的“恺散宫”里，在美国上流社会名流面前举办了200场演出，报酬为每年一亿两千万美元。演出结束后，她跻身顶级艺人之列，和弗兰克·辛纳屈、埃尔顿·约翰、史蒂夫·旺德、布兰妮·斯皮尔斯和杰瑞·宋飞一样，经常在拉斯维加斯表演。

当一个演员有了受追捧的地方，这标志着他们的职业生涯中进入一个重要里程碑。

同样来自夏威夷的美国总统贝拉克·奥巴马出席了她的第100场演出，为她的表演增光加彩。

2009年，她曾说过："好莱坞创作了许多垃圾电影，音乐产业创造出的音乐大多很奇怪，抄袭现象严重。在我这个年龄阶段所做的事情，就是做出不一样的音乐专辑，而且要现场表演，这样才能让更多的人体验音乐的魅力。在我这个年纪很少有人还在工作，所以我认为自己是幸运的。"

贝特·迈德尔是典型的犹太人。她身高仅有155厘米，但声音铿锵有力，她有着狂野的个性，也是一个优秀的喜剧演员。有一个阶段，一头红头发的她好像是来自波兰的阿姨。在拉斯维加斯的表演让观众感受到本地文化和贝特最美的一面，不管是音乐还是她的舞台风格。节目里的贝特和舞者、伴唱还有现场的灯光师等全都精力充沛，活力四射。

所有这些都是贝特的要求，她用震撼人心的嗓音迷住观众，一连串的黄色笑话震惊所有人，但却让人捧腹大笑。她温暖而有力的声音赐给了她"人民的天后"这个称号。虽然她的笑话听起来并不高雅，但她本人的名声却很好。

"他们说拉斯维加斯已经风光不再，里面的表演庸俗又廉价。这正是评论家多年来对我说的话。所以，也许我该回家了。"这段开场白后，她转向老式幽默：

"曾经有一段时间，我的观众都在吸毒。现在我的观众都开始嗑药。"

"我讲同样的笑话已经40年了，你们这些人却还在笑。"

"我用那些讲下流笑话赚的钱供女儿上最好的学校。"

《纽约时报》备受尊敬的评论家查尔斯·伊舍伍德，在评论贝特·迈德尔在拉斯维加斯的演出时说：“贝特·迈德尔的戏看起来像是第二块皮肤，皮肤包裹下的女人拥有一颗有血有肉、幽默而温暖的心。”此外，他提到她演唱的大热歌曲《翼下之风》也是该剧的亮点之一。在美国《公告牌》音乐杂志榜单上排名第一，演唱完毕后，观众立刻起立鼓掌。她的这首歌在国外也很受欢迎，当时，在英国200万首歌曲中排名第一。

1945年，贝特·迈德尔出生于美国夏威夷州，她的名字来源于著名女演员贝特·戴维斯。贝特的母亲是个影迷，尤其喜爱贝特·戴维斯。她父亲是一个勉强维持生计的家庭油漆工。

贝特从小就表现出艺术天分，梦想成为一名演员和歌手。她第一次获得表演机会是加入了一个小型波尔卡乐队，在附近基地的士兵面前表演。乐队解散后，贝特开始在一家菠萝罐头工厂工作。她说：“我闻起来像煮过的水果。”但对于身处困境的犹太人家庭来说，这并不陌生。

19岁时，她离开家来到纽约，追寻自己的梦想。

贝特解释说：“我以前每个星期天都给父母打电话，但他们没想到我会回到夏威夷。”“我们当时就是这样约定的。你一旦离开，就不接受你再回来。如今，情况不同了。”

她在纽约的第一个受欢迎的演出是在“大陆浴场”里举行的，那里是同性恋的浴场，有时需要音乐伴奏。那些人是她的第一批粉丝。

1966 年，贝特迎来了她人生中的第一次突破，在轰动一时的音乐剧《屋顶上的小提琴手》中，贝特饰演特维的大女儿特泽尔。作为演员和歌手，贝特凭借独特的嗓音展现了非凡才能。该音乐剧讲述的是贫穷的犹太人特维，住在俄罗斯的一个荒凉小镇上，以卖牛奶为生。这部剧是传统思想、放纵和现代性的碰撞。为了 3 个女儿的幸福，一开始他虽然接受了富有的屠夫向大女儿的求亲，最后还是同意让大女儿嫁给了青梅竹马的穷裁缝；他勇敢地突破了世俗，让二女儿和激进的大学生自由恋爱；他甚至突破了心理上极大的矛盾，最后接受三女儿和俄罗斯族青年的私奔。电影演绎的特维是一位非常了不起的慈爱父亲。

她在《屋顶上的小提琴手》中的巨大成功伴随着灾难。姐姐专程前来纽约观看她的演出，却不幸于车祸中丧生。

在饰演特泽尔这个角色后，她加入了著名摇滚乐团谁人乐队，与乐队一起在西雅图歌剧院演出，这使得她有机会再次展示天籁之音，发展自己的音乐事业。她和音乐家巴里 · 马尼洛在美国各地巡回演出，两人在“大陆浴场”相识。她的巡回演出获得了许多好评和粉丝，还获得了格莱美奖。在马尼洛的协助下，她将巡回演唱会的原声带制作成自己的第一个专辑《了不起的 M 小姐》。这张专辑卖出了 50 万张，“了不起的 M 小姐”后来成为贝特的一个众人皆知的代号。

她的音乐生涯，总是紧跟神话人物芭芭拉 · 史翠珊之后。她发行了 14 张专辑，从 1970 年开始，连续几十年进入美国最畅销专辑排行榜，仅次于芭芭拉，位列第二。

她的歌唱能力，再加上震撼人心的声音，给贝特也带来了第一部电影角色和奥斯卡提名。电影《玫瑰》（1978），基于一个真实的悲剧故事，出演的人物与她个性相符合。饰演的人物是美国蓝调歌手詹尼斯・乔普林，位列摇滚乐歌手排行榜的第一名，她参加过很多乐队，并在包括伍德斯・托克在内的许多音乐节上演出。在 27 岁时她服用过量药物死亡，只留下了 5 首歌。

13 年后，贝特凭借电影《疯狂牧师》再次获得奥斯卡提名，但在此期间，她的电影事业经历了起起落落，主要是出演一些与自己差距很大的次要角色。关于她这些年参与的 10 部电影，她说："我希望我能在电影领域有一份稳定的职业。我做了我觉得必须做的事情。我收到的大部分都是小角色，但我还是演了，因为我需要保住我的生意和确保我的财务安全，而且好的角色不会这么轻易就来，所以他们让我做多少，我就做多少。"

1986 年，贝特・迈德尔在尼克・诺尔特主演的喜剧《乞丐皇帝》中饰演一个小角色。故事讲的是一个乞丐的故事。他不小心掉进一对暴发户夫妇的游泳池里，但这对夫妇决定做好事收留他，但是他闯入这个家庭后，一切都变得一团乱。后来，他变成了一名教练，帮助这个家庭恢复了正常运转。

一年后，因为在音乐和电影上的接连失败，贝特陷入了抑郁并开始酗酒。认识她的人很难想到这个精力充沛、活泼好动的女人如此忧郁。几个月后，她振作起来继续工作。

一天晚上，她走进洛杉矶的一家酒吧，德国演员马丁·冯·哈泽尔伯格正在表演。他的演出很平庸，一看就是新手。但就是这个男人俘获了她的心，他同样也被贝特吸引。后来他们结婚，唯一的女儿苏菲出生了，她和贝特长得非常像，“马丁放弃了演艺事业，答应待在家里照顾孩子、研究美食，所以我可以继续我的职业生涯，成为家庭的经济支柱，”贝特在一个采访中说，“保持家庭的完整对我来说是非常重要的，只要有机会，我都会在家里吃饭。”

的确，贝特拼尽全力，不管是维护事业还是家庭。电影《海滩》（1988）讲述了两个女人之间勇敢的友谊，她们克服了道路上的许多障碍。贝特凭借片中曲《翼下之风》获得格莱美奖，这首歌大获成功。电影中的另一首歌曲《距离》也在 1991 年被美国士兵奉为海湾战争的赞美诗。

1991 年，她与伍迪·艾伦合作，主演了喜剧《爱情外一章》。讲述的是一对夫妇决定在商场购物庆祝他们的 17 周年结婚纪念日，不料他们却边买边吵架，丈夫承认以前欺骗过她，而她觉得受到伤害和侮辱，要求离婚。最后互相翻陈年旧账闹得不欢而散。

在 1996 年的《前妻俱乐部》中，她和著名演员戈尔迪·霍恩与黛安·基顿一起扮演 3 个离婚的女人，她们曾经是好闺蜜，但现在彼此憎恨和竞争。她们重逢是为了报复前夫，她们的前夫再婚娶了年轻漂亮的女孩。

2000年，贝特在一档名为《贝特》的电视节目中展示了她的幽默感、歌唱能力和超强的能量。起初，这个节目收视率很高，但仅仅3期之后，就销声匿迹了。贝特不愿意继续在这种节目里露脸。在远离纽约百老汇舞台多年之后，她出演音乐剧《我爱红娘》，在2017年引起了观众的疯狂追捧。短短24小时内，票房就达到了900万美元。这位红头发的天后将自己打扮成波兰阿姨的样子，向众人展示自己令人振奋的洪亮高亢的嗓音和巨大的能量。

音乐剧《我爱红娘》因她的表演而大受欢迎，这部音乐剧讲述了一位犹太红娘的故事。19世纪末的美国纽约，精明、干练、泼辣的媒婆多莉一心一意想为富翁做媒，结果却促成了自己与富翁的婚姻，还撮合了富翁的两个伙计和富翁侄女等人的婚事。这部剧使贝特在第71届托尼奖上获得最佳音乐剧女主角。

在进行演艺活动的同时，贝特·迈德尔反对快餐，支持慢食，以素食或自制食品替代鸡肉和牛肉。她成立了一个组织，目的是在纽约市保持“绿肺”。目标是在10年内种植100万棵树，“我们已经让几十个社区花园变得更绿了。”她说。

该组织的另一个目标是：鼓励保持城市清洁。在她宣传的活动中，贝特以她一贯的作风幽默地宣布：“让我们把垃圾从街道上捡起来，放回它应该放的地方——舞台上。”

史蒂芬 · 斯皮尔伯格

Steven Allan Spielberg

15/

史蒂芬·斯皮尔伯格：30部电影、100个奖项、37亿美元身价

史蒂芬·斯皮尔伯格（Steven Allan Spielberg）是好莱坞最成功的导演之一。他一直以犹太身份为荣，时刻关心着美国犹太社区的动态，通过不同途径保存犹太民族的历史资料。他也经常去以色列，因为这是一个对他来说有特殊意义的国家。

斯皮尔伯格出生于1946年，也就是第二次世界大战结束的第二年。他对600万犹太人死于纳粹的灭绝计划中深感震惊。他认为世界人民必须铭记大屠杀的悲剧，不要重蹈覆辙。他在美国西部的南卡罗来纳大学建立了一个悼念犹太人大屠杀事件的基金会，以记录52 000份犹太难民集中营幸存者的证词。

史蒂芬说："这个基金会的建立是为了从大屠杀中得出教训，反对种族歧视和狂热主义。每位幸存者都给出了真实又令人震惊

的证词，以证明大屠杀的悲剧曾经发生在人类的历史上。这些证词也是幸存者对逝世者的一种悼念：我们没有忘记你们。”

1993 年，史蒂芬在他最著名的一部电影《辛德勒的名单》中回归了大屠杀的主题，这部影片获得了 7 项奥斯卡奖，引起了很多人的共鸣。这部电影以德国实业家奥斯卡·辛德勒的故事为基础，他从克拉科夫拯救了 1 200 个犹太人，并获得了正义外邦人的称号。史蒂芬在电影中重现了犹太人被隔离的生活，他将辛德勒描绘成一个玩世不恭的操纵者，实际上他根据自己的需要利用战争和受害者达成协议。辛德勒是一位失败的实业家，他想接管一家搪瓷炊具工厂，但缺乏资金，于是将目光转向为了躲避纳粹而藏身于地下室的犹太人，让他们在这里工作，挣得购买工厂的资金，并通过这种办法，拯救他们的生命。犹太难民们从卖出的一小部分锅和餐具中赚取工资谋生。与此同时，他贿赂了德国军队的纳粹军官，让他们对工厂的犹太人睁一只眼闭一只眼。当然犹太人别无选择，只能同意。伊扎克·斯泰恩被任命为工厂经理，他经营得当，工厂的生意蒸蒸日上。犹太人得救了，同时也使得雇用他们的奥斯卡·辛德勒变成了一个富有的人。

史蒂芬·斯皮尔伯格出生于俄亥俄州的辛辛那提市，父母都是正统的犹太人。父亲阿诺德是一名电子工程师，母亲利亚是一位餐馆老板兼钢琴演奏家。史蒂芬在给电影学院学生的演讲中说道：“年少的时候，我不知道我长大后到底要做什么。当我第一次去看电影时，看到火车相撞。这是一个使用微型火车完成的特效场景，但看起来很真实。这个精彩的场景让我兴奋不已。但是我没有爱上电影这个行业，只是爱上了微型火车。”

他开始收集微型火车，以重现电影中的那个场景。在他毁坏了一些火车后，他发现使用父亲的摄像机能够重现那种碰撞场景而不会损坏火车。在加入雄鹰童子军的时候，他接受了使用静态图片讲故事的任务。由于家用相机坏了，他再次使用了父亲的摄像机。他回忆说：“我的朋友们看这部短片时都疯狂不已，他们在精彩处不停地尖叫、拍手、大笑。他们的反应燃起了我的热情。正是在这个时候，我意识到观众是任何电影不可缺少的一部分。观众是我的搭档。我在镜头后面思考，怎样的场景可以让他们兴奋。”难怪史蒂芬·斯皮尔伯格会被认为是和观众相通的导演。他不仅是一个电影革命家，而且是一个发现了神奇公式的导演：既满足了观众的口味，又能保证电影质量。

当完童子军之后，年轻的史蒂芬开始制作短片并邀请朋友们来观看。他向每个人收取 25 美分，而妹妹负责卖爆米花。有时候，朋友们也是他的电影中的演员，电影中一些对峙、决斗的场面，会让他想起第一次在电影中看到的火车相撞的情形。

21 岁时，史蒂芬开始在电视台工作，并与环球工作室签约。尽管他年纪很小，却获得了导演 1969 年《夜间画廊》节目试播片段的机会。

他的导演水平受到高度赞扬，几年后的 1971 年，他执导了

落网。

这部电影没有在以色列获批上映，主要原因是恐怖分子的表现过于人性化。当然，这并不影响斯史蒂芬对以色列的同情，也不影响他对耶路撒冷希伯来大学犹太电影档案馆的支持。档案馆成立于 1986 年。斯皮尔伯格基金会资助了其大量活动经费，两年后档案馆以他的名字命名。档案馆储存了有关犹太人生活、以色列国建立、犹太人移民、定居或访问以色列的历史和纪录片。

2014 年，《福布斯》杂志公布了年度全美最具影响力名人排行榜，史蒂芬以 47% 的得票率位于榜首。

史蒂芬 · 斯皮尔伯格是一个富有的人。他的资产约为 37 亿美元，在 2018 年《福布斯》杂志公布的美国名人富豪榜，他位列第二。他创作了 30 多部电影，获得了 100 多个奖项和表彰。他可能是好莱坞历史上获得好评最多的导演。与第一任妻子艾米 · 欧文的离婚，花费了 1 亿美元，这件事传得沸沸扬扬，因为它是史上最昂贵的离婚案之一。他在执导《夺宝奇兵 2》时认识了第二任妻子凯特 · 卡普肖。他一共有 7 个孩子，在美国有 4 处豪宅。

当记者问他：“你如何定义你的职业？”史蒂芬 · 斯皮尔伯格回答说：“我以梦想为生，梦想总是静悄悄地到来，你要知道的是如何抓住它。”

评论者们说，他的脚已深深地埋在电影界的地下。他的电影是时代的晴雨表，他的每一部电影都具有现实和政治意义。在他们看来,《外星人 E.T.》是颠覆性的电影。在美国，外星人会被说成充满敌意；而《外星人 E.T.》是一部关于友好外星人的电影。《大白鲨》是在一个不信任的时代创作的，当时统治者（鲨鱼）以牺牲平民来获取他们的利益。

当然，史蒂芬也接受这些评价。

萨莎 · 拜伦 · 科恩

Sacha Baron Cohen

16/

萨莎·拜伦·科恩：戏耍唐纳德·特朗普

1971年，萨莎·拜伦·科恩（Sacha Baron Cohen）出生于伦敦的一个犹太家庭，在一个正统犹太教的家庭氛围中长大。他的父亲杰拉尔德是东欧犹太移民的儿子，他的母亲丹尼拉出生在以色列的海法，是一位教师。萨莎有许多以色列亲戚，包括外祖父——康复医学的先驱汉斯·伊西多·威瑟教授。他还有一位哥哥，是位演奏家和作曲家。另外，他有一位表兄与他同毕业于剑桥大学，是心理学和精神疾病学教授。按家庭环境来推算，萨莎应该从事的是传统行业或者拍摄的是《信仰者》这样的电影，但是他拍摄的影片应该说全部是“不正经”的。

萨莎先后就读于以电影和娱乐业发达而著称的埃尔斯特里的一所私立小学、圣哥伦比亚中学以及剑桥大学的基督学院。在大学时，他就加入剑桥大学的业余戏剧俱乐部，他多次出现在时事讽刺喜剧社推出的一系列戏剧和节目中。

十几岁时，萨莎积极参与犹太工党犹太复国主义青年运动。1989年，他作为该运动年轻的犹太领导计划的成员，来到以色列服务一年。他在茹什·哈尼卡拉和后来的百特哈艾麦克基布兹度过了一段时光。因此，后来他将希伯来语的部分命令词用于电影和电视节目中。萨莎与犹太教的关系在私人生活中也有体现。他的妻子是澳大利亚女演员伊斯拉·费舍尔，在订婚后加入了犹太教，取了希伯来名字Ayala，他们的3个孩子也在接受犹太教育。

萨莎对歧视、种族主义和侵犯人权行为的敏感性，在他还是剑桥大学的学生时就展露出来了，他在20世纪60年代撰写了关于美国犹太黑人联盟的毕业论文。后来，他通过表演中带有讽刺的挑衅行为来展示他对这些主题和其他社会弊病的态度，并在此过程中获得国际认可。

萨莎于1994年开始电视生涯，担任娱乐节目的主持人。在这个节目火了之后，他受聘担任脱口秀的主持人，在节目中，他通过冒充一连串的虚构角色，展示自己是一位伟大的演员，以及对社会和文化现象进行敏锐而诙谐的批评。从《阿里·G个人秀》开始，对英国中产阶级崇拜者帮派的荒谬可笑现象进行讽刺，他们穿着名牌服装，说着粗糙的英语。作为节目主持人，他采访了很多名人，他们不知道他是在恶搞。这是一种讽刺社会现象的新奇的电视采访方式。萨莎解释说，前提很简单：节目里有两种截然不同类型的人，一种穿着黄色运动衫，另一种穿着定制的服装。他们的想法不同，肢体语言不同，受教育程度和智力水平明显不同。穿着西装的男人坐在一个穿着黄色运动衫的白痴的对面，明知道白痴对事情的看法有限，但仍然从那个白痴身上寻求某种验证。

萨莎采访的名人之一是唐纳德·特朗普，尽管他在很久之后才成为总统。萨莎与商人特朗普对话，并向他提出投资一项荒谬的发明——冰淇淋手套的建议，这个发明只有一个未解决的问题：冰淇淋最后会融化。谈话很有趣，当然特朗普拒绝投资。

《阿里·G个人秀》是萨莎最为重要的职业作品。在1995年英国第四电视台公开寻找接档的节目时，萨莎寄去的一盘录像带吸引了他们的注意力。1998年，《阿里·G个人秀》开始火速走红，2002年，《阿里·G个人秀》获得了英国电影和电视艺术学院颁发的最佳戏剧奖。

2002年，萨莎的成功被改编成一部长篇电影，这部电影展示了他在他称之为“贫民区”的宁静郊区生活，他当选了英国议会议员，以及与邪恶的副总理斗争的故事。当他受到攻击时，他问攻击者：“是不是因为我是黑人？”

《阿里·G个人秀》中经常出现的两个角色也都是由萨莎扮演的，一位叫波拉特，另外一位叫布鲁洛。萨莎·拜伦·科恩扮演的波拉特是一个富有攻击性的人物，来自哈萨克斯坦的记者。他穿着老式西装、留着浓重的小胡子，操着一口英语、希伯来语和不知名的语言。他是种族主义者，以至于给人的印象是他来自一个落后国家。他喜欢讲述一些不正经的事情，例如与妓女姐妹或动物乱交，以此来震惊观众。

有一次，波拉特进入亚利桑那州图森市的一家酒吧，演唱他所谓的哈萨克斯坦老歌《把犹太人扔进井里》，许多人和他一起合唱。在为数不多的几次采访中，他愿意脱离波拉特的角色，当被问到波拉特是否反犹太主义时，他的回答是："波拉特就像是一种工具。他自己是反犹太主义者，但是他让人们放松警惕，同时又表现出自己的偏见，无论是反犹太主义者还是接受犹太主义者。《把犹太人扔进井里》是一首非常有争议的歌曲，犹太人认为它实际上是在鼓励反犹太主义。但对我而言，它只代表着图森市那个酒吧。问题是：节目是否表明波拉特他们是反犹太主义者？但也许它只是表明他们对反犹太主义漠不关心。"

2005 年，萨莎·拜伦·科恩以波拉特的角色应邀主持在里斯本举办的 MTV 颁奖典礼。典礼组织方收到了哈萨克斯坦政府的官方抗议，该政府明确表示波拉特不是来自哈萨克斯坦，波拉特的立场不能代表哈萨克斯坦。

2006 年，波拉特的故事也被改编成了一部名为《波拉特：为了建设伟大的祖国哈萨克斯坦而学习美国文化》的电影。这部电影使萨莎赢得了金球奖的最佳喜剧演员奖项。在科威特举行的国际射击比赛中发生的令人尴尬的事件验证了这部电影的成功。当哈萨克斯坦金牌获得者登上领奖台时，主办方播放了电影中的哈萨克斯坦国歌，而电影中的国歌不是哈萨克斯坦的国歌。在仪式现场哈萨克斯坦外交部部长非常愤怒，称这一事件为“丑闻”，并要求委员会展开调查。主办方急忙道歉并播放正确的国歌。

2006年，电影版本的波拉特通过多伦多电影节首次公开，登陆北美后，以2 640万美元的票房拿下冠军。2007年，在金球奖颁奖典礼上，萨莎第6次获得了音乐戏剧类的最佳男主角奖，作为编剧的萨莎还获得了奥斯卡最佳改编剧本提名。

另一个使萨莎赢得成功的人物是布鲁诺，一位穿着暴露衣服的奥地利同性恋体育记者。布鲁诺说话带着浓重的奥地利口音，在采访中提出了很多相互矛盾的问题。受访者在没有注意到矛盾的情况下自动做出回应，从而造成戏剧化和令人尴尬的情况，节目揭露了社会上有些人的无知。在包括梦工厂、索尼以及21世纪福克斯在内的好莱坞大制片公司的激烈竞争中，最终环球电影以4 250万美元的价格拿下了布鲁诺这部电影的改编权。萨莎个人不仅获得了1 300万美元的预付报酬，还会从电影的最终票房收入中分走15%的收益。

环球电影工作室完成这部电影之前，布鲁诺引起了同性恋组织的愤怒，因为他们担心这部电影会破坏同性恋的名声。工作室管理人员不得不对电影进行大篇幅的剪辑，以说服他们这部电影会带来积极的社会影响。他们还发表声明说，“这部电影使用挑衅性的喜剧有力地揭示了社会上有包括同性恋恐惧症在内的多种不能容忍的现象和他们对同性恋的误解。”声明进一步指出，萨莎·拜伦·科恩将自己置于激进甚至危险的境地，但是，同时他也使得观众重新审视他们对同性恋的偏见。

萨莎不会回避任何挑衅。在布鲁诺被邀请参加的一个节目中，他抱着一个婴儿，其衬衫上印有“同性恋宝宝”的字样。在推广这部电影时，他为一本知名男性杂志封面拍摄了裸照。在一次MTV颁奖典礼上，布鲁诺只穿着一个护裆，戴着一对巨大的白色翅膀，用一根绳子从观众头顶上滑过，最终落在说唱歌手埃米纳姆的怀抱中，然后，埃米纳姆根据之前安排好的剧本情节，假装愤怒地冲出了礼堂。

在另一面，布鲁诺试图变得阳刚。他去找武术教练，学习如何保护自己不受同性恋者的影响，暴露出了对同性恋者无知的偏见，“如果他们靠近你，打他们，并离开现场。”教练说。“怎么样才能判断对方是不是同性恋？”布鲁诺问道。“这很难判断，因为他们有些人的穿着与我或你没有什么不同……”教练认真地解释道：“他们开始时非常友好，但这只是一种吸引你的策略。”

萨莎另一个值得一提的角色是海军上将艾拉登，他是来自北非虚构的伊斯兰国家——瓦迪亚共和国的独裁者，他想在纽约重新开始生活。电影主要讽刺对象是利比亚独裁者穆阿迈尔·卡扎菲。在特技表演中，萨莎出现在奥斯卡颁奖典礼的红地毯上，扮演穿着独裁者服装的艾拉登，有两名穿制服的女性保镖陪伴着，他拿着一个他声称装着独裁者骨灰的骨灰盒，然后他“不小心”倒在瑞安·西克雷斯特身上。后来，他将电影中艾拉登声称自己是“犹太复国主义者”的片段上传到了互联网上。

萨莎曾被问到他更喜欢取笑英国人还是美国人。他的回答是：这取决于他们的地位。最好、最合理的目标是富有的白人，那些控制着这个国家的人。在英国，上层阶级非常有礼貌。你可以打他一拳，他会说："哦，我很抱歉。"美国人更坦诚，很容易表现出他们的种族主义、反犹太主义和对同性恋者的态度。但不是每个被采访的人都可以在节目中表明自己真实的态度。

成为国际知名的喜剧演员后，作为一个扮演过重要的政治和经济人物的千面人物，萨莎·拜伦·科恩喜欢做出让人意想不到的事情，现在他想要证明他是一个优秀的喜剧演员。他将扮演以色列间谍艾力·科恩的角色，他用假身份居住在大马士革，进入了叙利亚统治精英的顶层，并将重要资料寄回他的祖国——以色列。最终，他在城市广场上被揭穿并被处以绞刑。《间谍》是由6部电影组成的系列电影，由以色列编剧吉迪·拉夫编写，法国频道制作的。正如萨莎·拜伦·科恩所拍的所有角色，观众永远为惊喜做好准备。

萨莎尽管在作品中举止轻佻并引发各方争议，有人说他爆粗口，同时还说他是同性恋和暴露狂，他的电影有些是"17岁以下观众要求与父母或者成人陪同观看"，但是在生活中，他为人温和、做事低调。他很少接受角色之外的针对个人的采访。尤其是身在好莱坞的风口浪尖上，他与妻子幸福恩爱，从来没有传出任何绯闻。在公开的场合，他看上去就是一位非常正经的演员和制片人。

盖尔 · 加朵

Gal Gadot

17/

盖尔·加朵：神奇女侠

2015 年，是以色列女演员盖尔·加朵（Gal Gadot）演艺事业的低谷。1985 年出生的她，在 2015 年刚好 30 岁。尽管她出演了电影《速度与激情 6》（这部电影是美国“速度与激情”系列动作大片中的第六部，知名度非常高），但她并没有因此获得更多的好角色。

“我参加了一些电影角色的试镜，但没有选择其中任何一部，”她说道，“后来参加了动作电影《疯狂的麦克斯 4：狂暴之路》的试镜，我和另一个女演员查理兹·塞隆进入了最后的角逐，最终导演选择了让她出演。”

在好莱坞摸爬滚打了 9 年，她的演艺事业成绩平平。在 12 部电影中担任配角，其中一部是演关于以色列人的影片，让盖尔觉得她来到了人生的十字路口。“如果我在好莱坞不能有很大的发展，为什么要强行让自己待在这里呢？我要回家，回到以色列。”她总结道。

回以色列的前一个星期，华纳兄弟工作室打电话给她，邀请她参加秘密角色的试镜。盖尔去试镜了，读了导演扎克·施奈德给她的台词,面试结果没出来的时候她就动身回以色列了。几个星期后，她收到了一个令她超级兴奋的好消息，盖尔成为电影《蝙蝠侠大战超人：正义黎明》中神奇女侠的候选人，并且要回到好莱坞与著名演员本·阿弗莱克进行第二次试镜。

“我一直在问自己这是真的吗？像做梦一样。”她回忆说。不久之后媒体报道了她将要出演这个角色的消息，还有她穿着神奇女侠服装的照片，她的生活发生了翻天覆地的变化。她从一位默默无闻的女演员，变成一位国际巨星。现在她已经成为好莱坞最受欢迎的巨星。

神奇女侠的故事来自 1942 年出版的关于宇宙科幻的连载漫画。盖尔·加朵扮演战斗民族亚马逊人的王位继承人戴安娜·普林斯，在只有女性的天堂岛上长大。美国飞行员史蒂夫上尉的飞机坠毁在天堂岛附近，史蒂夫告诉她，岛外正在进行一场世界大战，而造成这一切的罪魁祸首，是战神阿瑞斯。戴安娜试图制止这场厮杀。

当盖尔扮演神奇女侠的消息正式公布时，她受到了世界人民的欢迎，同时也受到了少数漫画迷的批评。他们对她平坦的胸部和臀部表示不满。“神奇女侠是亚马逊人，亚马逊人应该只有一个乳房。所以他们应该庆幸我有两个小乳房，”她在电视谈话节目中的自嘲获得了大量的掌声，“对我来说最重要的是行动力。将神奇女侠塑造成强大、独立又充满温暖的女性形象。”

人们对她的认同，可以从一些数据中显现出来。电影《神奇女侠》取得了巨大的成功。上映两星期，就获得了5亿美元的票房收入。盖尔·加朵扮演的神奇女侠形象被提名为联合国女权主义的“名誉大使”，并且邀请她在大会上进行演讲。她成为美国电影艺术与科学学院的一员，作为奥斯卡评审团成员吸引了全世界的目光。

很多著名的娱乐节目都邀请她作为神奇女侠参加录制。并且她被称为以色列美丽与智慧并存的演员兼模特。在镜头前，盖尔更是将这个称号展现得淋漓尽致。哪个观众会不喜欢美丽、坦率、热情的女性呢？每个节目主持人都会问盖尔一个问题：“你更喜欢谁，超人还是蝙蝠侠？”她经常回答：“这就像在问我最爱的人是谁，爸爸还是妈妈？”

为了迎合美国娱乐节目的要求，她必须说：“我在以色列的兵役训练是为了进入好莱坞和神奇女侠这个角色做准备。”

在美国最著名的娱乐戏剧秀《周六夜现场》中，他们要求盖尔主持一期节目。这是另一件每个好莱坞明星必须做的事。

“我每天早上都会掐自己很多下，”盖尔说，“但很多时候手臂上还没有掐紫，自己就突然意识到：哇！这是真的。我认为自己不能够应对我现在经历的所有事情，它们是如此令人震惊。”

2016年举办的美国华裔艺术节上，盖尔获得了“好莱坞最受欢迎女演员”奖。一个中国男人深深爱上了她：他运用视频合成技术，将自己加入盖尔拍摄的卡斯特罗服装公司宣传片中，使得影片中两人就像一对同居的恋人。他在社交网络中发布了剪辑的视频，获得了数千的点击量。许多八卦专栏作家看过这个剪辑视频后都在想她为什么离开她的丈夫和这个中国男人在一起。当然这个视频是假的。盖尔与商人亚龙·凡萨诺婚姻幸福，亚龙·凡萨诺和他的兄弟盖伊将他们拥有的尼夫兹迪克特拉维夫社区的精品酒店凡萨诺以1亿谢克尔的价格出售时登上了报纸头条。买方是犹太亿万富翁、英国著名足球俱乐部“切尔西”的老板罗曼·阿布拉莫维奇。

“神奇女侠的评论出来的时候你在哪里？”

“我不喜欢参加好莱坞派对，不喜欢那些建立社交关系和保持领导地位所必需的社交活动，”盖尔说，“这就是为什么亚龙和我一起在家里喝着酒等待神奇女侠的好评出来。他对这部片子会造成的影响很期待。我从旁观者的角度看着我们两个人，神奇女侠的成功是我们共同的胜利。但是从我们自己的角度出发，因为我们花太多心思在事业上，这对我们的家庭、我们的关系和我们个人生活都产生了很大的影响，也造成了一定的损失。”

盖尔·加朵在以色列东部城市罗什艾因长大，父亲是工程师，母亲是教师。第二次世界大战期间纳粹杀害了600万犹太人，这是她整个童年的阴影。她的祖父母是大屠杀幸存者。像大多数受过教育的以色列女孩一样，她学习爵士乐和嘻哈舞蹈，业余时间，她在汉堡王做兼职。

当她19岁时，她的生活发生了翻天覆地的变化。她当选为以色列的选美皇后，她开始生活在另外一个迷人的世界。一家知名模特经纪公司签下了她，把她送到如今已是美国总统的唐纳德·特朗普赞助的“环球小姐”选美大赛。有很多关于特朗普在选美舞台后台区域的行为的报道，报道中说他在参赛者们换衣服、半裸的时候出现,甚至在某些场合侵犯模特。当然,特朗普否认了这些指控。“我在那里非常害怕，”盖尔说，“我记得特朗普当时与每个人握手并自我介绍，我那时候穿得很整齐。”

在以色列当兵时，她担任作战教练，计划退伍后去法学院学习。但是，当以色列和国外的化妆品、香水、眼镜公司开始找她代言时，她离成为一名律师的梦想越来越远。这就是她环游世界的开始，接着她的照片出现在美国、欧洲、亚洲许多杂志的封面上。

2007 年,以色列旅游部发起了一场活动,盖尔穿着泳装站在“以色列女性国防军”的横幅下面。这张照片在世界各地流传，引发了争议，但盖尔因此在全球出名。另外，一场香水宣传活动，使她的模特事业飞速发展。

2009 年，她被美国杂志《时尚先生》评为最受欢迎的以色列女性之一，她排名第二。两年后，她在《福布斯》杂志发布的以色列收入最高的女性中排名第二，收入为 130 万美元。

2011 年，在由北美杂志《沙龙生活》评选出的“50 位全球最有天赋、最聪颖、最有趣及最高雅的犹太女性”中，盖尔·加朵被列在第 5 位，位于列芭儿·莱法利和法国女演员伊娃·格林之后。2014 年，盖尔被美国知名电影网站评为 100 位全球最美脸蛋的第 2 名。

2008 年，经过 5 年的模特生涯，经纪人说服她进入娱乐圈，出演电影和电视剧。她在以色列电视剧《玩偶》中担任主角，扮演一位名叫米瑞阿姆·艾勒卡亚姆的宗教女孩。2009 年，她在美国动作片《速度与激情 4》中,扮演前摩萨德特工吉泽尔的角色。之后，她参演了另一部名为《危情谍战》的动作片，这部电影中还有著名演员汤姆·克鲁斯和卡梅隆·迪亚兹。

“我从没想过成为演员，”盖尔·加朵承认，“当各种各样的机会同时出现在我面前的时候，它自然而然发生了。因为我是一位全球知名模特，我有机会进行选择。我很喜欢表演，超过我在此之前做过的任何工作。”

这就是盖尔·加朵好莱坞电影生涯的开始。

好莱坞著名影星乔恩·哈姆与加朵一起出演了喜剧片《邻家大贱谍》，讲述了邻居之间的间谍爱情故事。这部电影是她成为世界闻名的神奇女侠之前的最后一部电影，作为她的搭档，乔恩说：“盖尔的雄心壮志令人印象深刻。即使拍完了《邻家大贱谍》，她也没有停止工作。真是太神奇了。你需要很大的投入和热情才能像她一样工作。但我发现盖尔非常可爱的一点是她的随和。因为有时你也会遇到一些很有野心和目标坚定的工作伙伴，他们一心完成目标，不顾周围人感受，导致与他们很难相处，但是盖尔给人的感受是不同的。另一方面，盖尔是一位伟大的母亲，她拥有巨大的能量，生活中必须面对的琐事不会影响到她，她不会把这些带到拍摄现场。”

所有为了宣传她在电影中扮演的神奇女侠的角色而进行的媒体采访，都会问一个问题：从小看着穿紧身裤的超人和超级英雄长大的男性观众，是否能接受一位女超级英雄？ 他准备好让一个女人救他吗？ 她是否明白她即将成为年轻女孩的榜样？

盖尔对这些突如其来的问题做了充分的应对准备：“我没有想要成为一名榜样，但如果可以的话，我会很高兴。我觉得神奇女侠这个角色，已经存在超过 75 年了，但我们从未在大银幕上看过她的故事。当男孩们长大的时候，他们会看到超人、蝙蝠侠和蜘蛛侠，但直到今天，他们仍然没有一个厉害的女性英雄形象可以崇拜。有一个像神奇女侠这样，既让女孩子崇拜，又让男孩子崇拜的女性英雄形象是很重要的。女权主义是自由地成为你想成为的人，和其他人或者其他超级英雄是平等的。这正是电影中神奇女侠所代表的。”

与此同时，她透露为了神奇女侠这个角色做的许多准备工作。她不得不阅读两部完整的关于角色的漫画杂志和书籍。5 个月来，她在健身、武术和骑马等方面接受了严格的训练。之后她进行了为期 6 个月的封闭式拍摄。这是一个秘密电影项目，拍摄现场也是封闭的，她回忆说：“我们从拍第一部电影开始，一共拍摄了三部电影：《蝙蝠侠大战超人：正义黎明》《神奇女侠》以及《正义联盟》。这三部电影里，我都扮演了神奇女侠。我 5 岁的女儿阿尔玛陪我一起拍摄。她知道我是神奇女侠，但在她这个年纪，她并不完全能感受到我的兴奋。当我拍摄第 3 部电影《正义联盟》时，我怀第二个女儿玛雅已经 5 个月了。这正在我的计划之中，我一直都想再怀一胎，但因为工作搁置了。我在拍摄结束和发行活动之间的空闲时间进行了生孩子的规划，但最终还是靠拍神奇女侠的运气而带给我另一个新的生命。”

丹尼尔·雷德克里夫

Daniel Radcliffe

18/

丹尼尔·雷德克里夫：哈利·波特又来啦

在《哈利·波特》系列的6部电影中，他骑着扫帚穿行在霍格沃茨魔法学校，勇敢地对抗邪恶的伏地魔。但在私人生活中，他连鞋带都不太会系。他患有轻微的运动障碍，这可能会影响他做一些生活中的小事。出生于1989年狮子座的丹尼尔·雷德克里夫（Daniel Radcliffe）的银行账户有8 500万左右英镑的存款，这一系列电影的票房收入超过几乎所有的电影。

他在伦敦郊区的学校里长大，但他只能坐在一边看着别人上体育课，错过一个年轻男孩出风头的机会。在别人眼里，他是一个敏感内向的书呆子。年仅24岁，他已经成为国际明星，成为钻石王老五。当女朋友罗西·科克请他在家帮忙打扫卫生时，他几乎帮不上忙。他只能打电话请他母亲过来帮助做家务，于是他的女友决定和他分手。

他的母亲 Marcia Gresham 是一位犹太籍选角人员，并参与了一些电影作品的拍摄。他的父亲是爱尔兰文学经纪人。作为他们的独子，他与父母的感情非常好，他是一个被宠坏的熊孩子。他喜欢待在家里看书和写诗，其中一些是用化名 Jacob Gershom（Jacob 是他的中间名，Gresham 是他母亲的娘家姓）发表的。在他出生后，母亲安排他接受割礼。尽管他公开表示是无神论者，但他有时会佩戴 tefillin（一种传统犹太人在早晨祈祷中穿戴的护身符）并声称“为自己是犹太人而自豪”。

丹尼尔对表演的热情超越了母亲，这种热情在学校各种表演和制作中已经表现出来了。身为演员，他的母亲很清楚这个职业的艰辛，所以她无法接受儿子成为演员。当他 10 岁时，被选中出演英国广播公司电视改编的《大卫·科波菲尔》，一个关于在 19 世纪的伦敦贫民窟长大的孤儿，不得不依靠自己的智慧生活的故事。

一年后，丹尼尔和父亲去观看戏剧时，母亲偶然碰到了导演大卫·海曼和编剧史蒂夫·克洛夫，他们正在寻求扮演哈利·波特的演员，电影改编自 J.K. 罗琳的奇幻系列书籍。他们已经面试了 16 000 名候选人，但没有找到他们想要的。当两人看到丹尼尔·雷德克里夫时，他们看到了希望，立即要求他参加试镜，但这遭到了母亲的激烈反对。

“当父母看到试镜安排在数学考试的同一天时，他们拒绝让我去参加,”他说,“即使我答应他们,后面我会补上。他们很难过。这只是一次试镜！”

导演克里斯·哥伦布看到了试镜后，感到非常满意，说这就是他一直在寻找的，“这就是哈利·波特！”他大声说道。他打电话给罗琳，她的反应更加激动：“感觉就像是和一个失踪的孩子再次团聚！”但父母没有告诉丹尼尔，他已经通过了第一次试镜并被邀请参加第二次试镜。当他顺利通过第二次试镜时，他们仍然没有告诉他已经签署了一份合同：他被选中扮演哈利·波特。

母亲尽其所能地阻止拍摄对丹尼尔成长的影响。显然，在6部电影制作中会对丹尼尔的学校学习及其整个人生活产生直接影响，特别是他被要求离开伦敦前往洛杉矶进行拍摄。母亲的反对并非不合理。丹尼尔·雷德克里夫只有11岁，在他坚定的恳求下，父母带着沉重的心情屈服了，但提出了一个条件：在英格兰进行拍摄。制片公司华纳兄弟无奈答应了。

第一部电影《哈利·波特与魔法石》于2001年上映。这成为当时的大热门，创下了当年票房最高收入。丹尼尔获得了7位数的薪水，他的父母代表他管理收入。评论家很喜欢他的表演。电影评论家鲍勃·格雷厄姆在《旧金山纪事报》上写道：“……丹尼尔·雷德克里夫是每位读者想象中的哈利·波特的化身。很高兴看到一个年轻的英雄，他看起来很学术，又充满了好奇心，非常真性情，从过人的智慧和探索的喜悦到对家庭深深的渴望。”

在丹尼尔对这个角色的表达中，只有一个地方偏离了原著，哈利·波特的眼睛被描述为翠绿色。而电影中保留了丹尼尔自己的蓝眼睛。这是什么原因呢？因为丹尼尔对隐形眼镜过敏。

由于曼彻斯特到伦敦火车线路的瘫痪，哈利·波特这一文学形象就在途中偶然形成了。J.K. 罗琳在她人生低谷时期被困在车站，她突然想写一本关于一个男孩不知道自己身世直到收到加入魔法学校邀请函的奇幻书。尽管如此，这并不是完全偶然的：在青少年时期，罗琳已经写了不少奇幻故事。

1993 年，罗琳与有暴力倾向的丈夫离婚，带着女儿搬到爱丁堡的妹妹家附近。她没有工作,不得不求助于公共援助。在心理上，由于母亲的去世,她处于崩溃边缘，一直尝试着努力克服这一打击。

业余时间，她坐在咖啡店里写作。有谣言说她破旧的公寓里没有暖气，因此被迫在咖啡馆用餐巾纸写作。罗琳否认了这一传言，自称很享受咖啡馆的气氛，让哭泣的婴儿平静下来的唯一方法就是将她带到外面走来走去，直到她入睡，让妈妈有机会写作。

罗琳的故事中出现的哈利·波特身形瘦削，戴着一副圆圆的眼镜，父母双亡后，他与姨妈住在一起，亲戚们经常折磨他。当他 11 岁时，一位信使带着一封信邀请他加入霍格沃茨魔法学校。还记得从曼彻斯特出发的火车吗？罗琳的灵感来自霍格沃茨特快列车——一辆红色火车，每年仅在 9 月 1 日前往霍格沃茨，正好是上午 11 点从伦敦国王十字车站的 9 号站台出发。

哈利开始旅程后，才得知自己是一名小巫师，亲生父亲也是巫师。海格告诉他，他们没有在交通事故中丧生，而是被伏地魔谋杀。伏地魔是有史以来最黑暗的巫师，他使用他的杀戮诅咒，试图杀死哈利，哈利的母亲为了保护他而牺牲了。他并没有受到伤害：虽然他活了下来，但是婴儿哈利的额头上留下了闪电疤痕，杀戮诅咒击中了他，却没有杀死他，而是像回旋镖一样反弹并击中伏地魔，伏地魔失去了他的神奇力量并消失了。

正义力量和邪恶势力之间的斗争，在霍格沃茨重新开始。这两股势力分别由哈利·波特和他的朋友以及食死徒作为代表。食死徒是一群邪恶的巫师，伏地魔是其最高统治者。战胜邪恶的重任落在了哈利稚嫩的肩膀上。

第一部书《哈利·波特与魔法石》并未立即获得成功，至少有 12 家出版商拒绝了该手稿，声称其缺乏营销潜力。

罗琳联系了伦敦一家小出版社布鲁姆斯伯里，事情有了转机。其所有者奈杰尔·牛顿在家中把前三章给 8 岁女儿爱丽丝阅读。一个小时后，她走到他面前说这是她读过的最好的东西，并请求父亲给她剩下的章节阅读。

剩下的，正如他们所说，已经载入史册。"哈利·波特系列"成为有史以来最畅销的奇幻书籍，销量达到 4.5 亿本。它被翻译成 65 种语言，而 J.K. 罗琳成为英国最富有的女性之一，净资产约为 12 亿美元。电影版《哈利·波特》成为世界上票房销售最成功的电影之一，它的票房纪录维持了数年未被打破。丹尼尔·雷德克里夫花费 6 年半的时光在哈利·波特的 6 部电影中。当著名的《金融时报》在讨论他是否是英国有史以来最年轻的国宝时，他感到非常荣幸。在他这个年龄段，大多数演员出演的都是孩子气的作品，而他已经被授予了包括甲壳虫乐队和大卫·贝克汉姆在内的明星殿堂的入场券。

哈利·波特和他标志性的圆形眼镜使丹尼尔成为世界上最富有的演员之一，在 2010 年，他的收入是 30 岁以下富豪的榜首，甚至超过英国王子威廉，他也因此成为国际上备受追捧的单身名人。试图将角色与演员本身分离是很困难的。“显然，哈利·波特将永远和我在一起，”雷德克里夫在接受采访时说，“没过多久，我意识到，希望人们不再将我和哈利·波特放在一起讨论，这个想法是愚蠢的。这就像保罗·麦卡特尼在甲壳虫乐队之后做了他自己的事情，要求人们忘记他曾经是披头士乐队一员一样艰难。我必须接受这一事实，哈利·波特已经成为我的一部分，我应该感激他给了我一个很好的机会来发展我的演员生涯。”

事实上，丹尼尔已经收到几乎所有好莱坞大片的邀请，但他不确定他是否能够像哈利·波特那样成功地出演这些角色。“我认为自己还不是一个主角，我现在还只是一位配角。即使我在有史以来最受欢迎的电影系列之中一直担任主角，”他承认，“我非常认真地对待自己的表演，而且我知道它还不够完美。”

这并没有影响他每年在一两部电影中扮演重要角色。2011 年，在拍摄完“哈利·波特系列”最后一部作品的最后一幕后，他在百老汇音乐剧《平步青云》中担任主角。一年后，他出现在超自然恐怖电影《黑衣女人》中。2013 年对他来说是丰收的一年：在

《杀死汝爱》中，他扮演了著名的美国诗人艾伦·金斯伯格，并在浪漫喜剧《如果的事》中担任男主角。2014 年，他出现在恐怖电影《神奇犄角》中。电影讲的是一名被控谋杀女友的男子利用他的超自然力量追捕真正的杀手的故事。一年后，他在《维克多·弗兰肯斯坦》中担任了主角，这是一部关于试图从死亡中创造生命的科幻电影。2016 年，他出现在电影《惊天魔盗团 2》中，扮演一个反派角色。2017 年，他在电影《丛林》中扮演了主角，这是一部关于尤奚·金柏格的传记，尤奚·金柏格是一位以色列冒险家，电影讲的是 1981 年，金柏格在亚马孙丛林中迷失了 3 个星期所发生的故事。

丹尼尔渴望得到人们的认可，很小的年纪就不得不处理超级明星身份所带来的压力，这些都给他造成了很大的影响。像其他许多明星一样，他也开始依赖上酒精。“我很难称之为上瘾，”他说，“但我发现我有时真的需要它，这种发现让我难过。”他的伙伴们回忆说，“偶尔他会有醉酒，身体上会出现淤伤。”当情况进一步恶化时，他便进入了康复中心。

丹尼尔面临的另一个挑战是吸烟。他尝试催眠以摆脱这种低俗的习惯，但这让他的烟瘾加重。抽烟有明显的副作用：他的声音嘶哑，经常咳嗽，并且呼吸急促。

尽管 11 岁时经历了戏剧性的剧变，他成为一名国际巨星，但 29 岁的丹尼尔·雷德克里夫依旧过着低调的生活。他在父母家附近买了一套房子，把所有业余时间都花在阅读和听音乐上，他喜欢地下、朋克和摇滚音乐。他的朋友不多，都是在《哈利·波特》电影中和他一起工作的演员。他试图维护自己的隐私，因此避免使用 Facebook 和 Twitter。但他唯一无法控制的是媒体，媒体潜伏在他的身边，报道他的每一个动作，特别是他的恋情，比如最近曝出他与《杀死汝爱》的主演艾琳 · 达克的恋情。一家报纸写道，“丹尼尔在电影中使用了各种类型的魔法，也到了在现实生活中使用魔法的时候了。”

哈利 · 波特的书籍和电影都有很多解读。学者们看了 J.K. 罗琳的幻想世界，并试图在其中找到与现实世界相关的意义和建议。一个有说服力的理论是哈利 · 波特是对恐怖的第二次世界大战的精彩映射。考虑一下：杀戮机器伏地魔，是一个想要控制魔法世界并鄙视犹太人的卑鄙恶棍，是阿道夫 · 希特勒，他以德国种族的名义，对欧洲犹太人及其他人进行大屠杀。不受欢迎、意志薄弱的魔法部部长科尼利厄斯 · 福吉是内维尔 · 张伯伦，他是一位备受批评的英国政治家，坚持劝说希特勒放弃杀念；霍格沃茨明智而高贵的校长阿尔布斯 · 邓布利多是英国首相丘吉尔，他在战争时期巧妙而勇敢地领导了他的国家。那么，霍格沃茨掌握整个欧洲大陆的控制权，比如一直处于战争中的格兰芬多之家（英格兰）和斯莱特林之家（德国）。

只有哈利 · 波特在现实中没有对应的人物。哈利是通过自己的努力拯救整个世界的人。我们的悲剧是真正发生大屠杀时没有哈利这样一个人物的出现。也许，哈利代表的是犹太人和其他受害者，他们在另一个宇宙中会幸存下来。

跋 /

犹太智慧的奥秘

1997 年我去了以色列，当时那里的中国人非常少。以色列城市赫尔兹利的签证官告诉我，我是居住在那个城市里唯一的一个中国人。

以色列的官方语言是希伯来语，这是一门非常古老的语言。在一个完全听不懂希伯来语的人看来，犹太人说话的时候经常像是在争吵。实际上，犹太人是喜欢争论，每个人都勇于表达自己的意见和看法。在以色列，“随波逐流”这个词几乎没有被使用的场所，因为所有的人都会认为他们自己无所不能，他们也勇于表达自己的观点。

也因为我的前男友是犹太人的缘故，我对犹太人的生活习惯、思想特点、语言和文化，以及犹太民族所经历的苦难有了很多了解。

记得我和前男友在西安相识的时候，他作为一个西安外国语学院的留学生，会经常跑到不同的市场联系不同的公司，寻找他适合做的生意，那时候他也就是20出头的毛头小伙子。其实不仅仅是他，积极地寻找商机、有着精明的经商理念是犹太人的共性。

到以色列之后，我经历过一件非常难忘的事情。这个特殊的国家在一年一度的独立日要拉警报，第一次经历拉警报，是跟前男友的妈妈在家里面，警报声响起的时候，我看到前男友的妈妈迅速扔下手中正在做的蛋糕面团，凝重地、肃穆地站在那里。当时，我正站在厨房窗边，下意识地也放下手中所有的事情。我静静地听着刺耳的警报声，眼睛望向窗外，我惊讶地发现窗外的马路上的车全部停了下来，所有的人都从驾驶室出来，笔直地站在马路中间。两分钟的警报，以色列整个国家都静止了，同时静止的还有犹太人受过重创而又坚强不屈的心。用这种方式，犹太人让后代记住犹太人被驱逐屠杀、颠沛流离的惨痛经历。中国人有句老话：“逆境出人才”，我想犹太人遭遇的第二次世界大战被歧视和杀戮的整个过程，也让犹太民族更加团结，同时也警醒犹太人记住过去，在任何逆境下，都能坚强不屈、勇敢地面对。这也是犹太人与其他民族非常不同的地方。

在以色列印象最深的是犹太人引以为豪、层出不穷的创新理念和不同的点子。跟几个犹太朋友在一张桌子上谈天说地时，他们经常会七嘴八舌地讨论自己非常新奇、独特的想法。犹太人的创新思维众人皆知，但我认为他们的超前意识绝对是犹太人善于经商的关键。因为拥有超前意识，犹太人在做生意时才不会将自己禁锢在前人的经验中，一味去使用前人所使用过的方法，而是会去独立思考，想出新的解决方法和途径。这样的过程时常能给他们带来创新思维，让他们在生意上的发展能够如日中天。

犹太人非常聪明，是很多人熟知的，也是我在以色列深深意识到的。我想最重要的原因是犹太人在世界各地经过接近两千年的流浪，与当地人的通婚使得大部分犹太人成为混血儿。犹太人的肤色也变得多种多样，有白种犹太人、黄种犹太人和黑种犹太人，以及印度和拉美的亚肤色的犹太人。而以色列又是一个移民国家，我经常遇到的朋友都是从各个不同的国家和地区移民回来。所以在以色列，很多人都会讲两三种语言，因为移民的祖辈和父辈们都曾经讲不同的语言，所以犹太人的语言优势非常明显，掌握多种语言也是帮助他们走向世界的重要工具。

具有批判性思维是犹太人的另外一个特点。记得在以色列读研的时候，上课时犹太学生经常提问，甚至质疑老师课堂上讲的一些内容和观点。按中国的教育模式，中国学生会认为犹太学生这种做法是不可思议和不被接受的事情。实际上，也恰恰因为犹太学生善于思考、喜欢打破砂锅问到底的特点，有着批判性思维，所以他们总是能迅速抓住复杂表象下的问题的特点实质。

犹太民族是一个值得研究和值得学习的民族，这是我在以色列 6 年多生活的最大感受。摩西说一切都是律法，耶稣说一切都是苦难，马克思说一切都是资本，爱因斯坦说一切都是相对的，弗洛伊德说一切都是性，罗斯柴尔德说一切都是财富。这6位犹太人改变了人类发展进程，他们的思想也已经深入人类的政治、生活和工作的方方面面。除了他们6位，还有很多的犹太人对世界经济、宗教、科技、文化等产生了巨大的影响。

2003年回国后，我经常会跟朋友们津津乐道犹太人的智慧和与众不同的思维。近几年，中国和以色列从政府到民间的交流也越来越多，我在微信朋友圈也经常能看到关于犹太人的介绍，而目前中国还没有一部完整地介绍犹太人的书籍。

2017年，一位往返中国16年的以色列老朋友丹·拉维夫先生在一次跟我聊天的过程中提道，犹太人的思维被世界上很多人关注，尤其在中国。我非常认同他的看法，我们都认为如果出版关于犹太人智慧和思维的书籍，一定有很多人感兴趣。这也是撰写"发现犹太人丛书"的源头。随后，丹·拉维夫先生同尼西姆·米沙尔就开始一起着手撰写这部系列书籍。

就像我跟丹·拉维夫先生18年的缘分一样，这部丛书每本是以18个人物来分析和述说犹太人的智慧与思维模式，我也作为这本书的发起人和参与人编译了这套丛书的其中3本，另外3本主要由施冬健老师负责编译。我主编译的3本分别是：《打破常规的犹太人》《塑造未来的犹太人》和《犹太巨擘的好莱坞》。《打破常规的犹太人》主要讲述犹太人是如何跳出盒子外思考，他们如何拥有不同于常人的创新理念；《塑造未来的犹太人》主要讲述了犹太人的超前意识和犹太人在世界顶级科技领域的突破，以及对 2050 年世界前沿科技的引领和影响，读这本书相信你可以想象世界科技的未来走向和趋势;《犹太巨擘的好莱坞》主要介绍了在全球电影和娱乐界，尤其是在好莱坞，犹太人在导演、制片和表演等方面作出的举世瞩目的、不可磨灭的贡献。

最后希望读者在读完这部系列丛书之后，能对犹太人以及犹太民族有一个全方位的了解，并能从中获得一定的思考。

安小艺

2019 年 12 月